AF586131

M. FÉLIX GILLON

ANCIEN PRÉSIDENT DU TRIBUNAL CIVIL DE BAR-LE-DUC

1799-1870

PAR

H. LABOURASSE

Officier de l'Instruction publique
Membre et Lauréat de plusieurs Sociétés savantes.

AVEC UNE PRÉFACE DE

M. C.-C. CHARAUX

Docteur ès lettres, Officier de l'Instruction publique
Professeur honoraire de philosophie à l'Université de Grenoble.

« *Une belle vie vaut mieux qu'un bon livre.* »
(A. DE MARGERIE).

NANCY
A. CRÉPIN LEBLOND, IMPRIMEUR-ÉDITEUR, 21, RUE ST-DIZIER
Passage du Casino

1898

Ln 27 46427

Breuil, Bar-le-Duc, [illegible]. Phototypie J. Royer, 1896.

FÉLIX GILLON

PRÉSIDENT HONORAIRE DU TRIBUNAL CIVIL DE BAR-LE-DUC

PRÉFACE

Cette biographie d'un magistrat qui tint sous la Restauration, la Monarchie de Juillet et le second Empire une très grande place dans sa ville natale, Bar-le-Duc, et dans le département dont elle est le chef-lieu, mais qui n'aspira jamais, quoiqu'il fût très digne de les remplir, à des fonctions plus hautes sur un plus vaste théâtre, a été écrite uniquement pour sa famille et pour un petit nombre d'amis. Et toutefois s'il arrivait qu'elle eût, en dehors de ce cercle étroit, quelques lecteurs plus ou moins indifférents à ces souvenirs intimes, aux hommes et aux choses de la Meuse, ils ne perdraient pas leur temps à la parcourir, pour peu que l'histoire du siècle qui va finir intéresse leur patriotisme et leur curiosité.

M. Félix Gillon, en effet, tour à tour avocat, magistrat, conseiller général, en tout temps et en toute situation ami de l'étude et des lettres, fut, en province, sur son siège de Président d'un tribunal civil, dans les Conseils électifs, dans les œuvres qu'il avait fondées ou qu'il soutenait, dans sa vie publique et dans sa vie privée, un représentant et non des moins remarquables, de cette bourgeoisie si riche en talents et en caractères, riche en bonnes intentions et en généreuses initiatives, par malheur assez pauvre de solides convictions philosophiques ou religieuses, dont nous avons vu le déclin rapide à partir de 1848 et de l'institution du suffrage universel. Elle s'est dès lors, après une courte période d'un éclat incomparable et d'une influence incontestée, perdue et comme noyée dans le flot montant des classes populaires, et n'est plus déjà qu'un souvenir.

Les fils ont hérité de la fortune de leurs pères ; ils ne leur ont pas succédé dans les hautes positions qu'ils remplissaient avec honneur dans les Conseils de la nation, où ils tenaient la première place. Cette fortune même leur a nui plus souvent qu'elle ne les a servis : l'oisiveté et les vices qui en sont la suite en ont fait disparaître un grand nombre dès la seconde génération. Les mieux inspirés ont demandé à la carrière des armes, et ils ont obtenu d'elle la liberté, l'honneur, la conservation d'une sève vigoureuse. Ils se sauvent eux-mêmes en sauvant et en servant leur pays autrement sans doute que n'ont fait leurs pères, mais avec la même ardeur et le même dévouement. Quelques-uns disputent aux politiciens de profession des charges où l'on ne fait plus que passer, des honneurs qui n'en sont plus, des mandats électifs qu'il faut acheter, Dieu sait à quel prix ! et qu'il est difficile à ceux qui en sont investis de remplir au gré de leurs lumières et de leur conscience. Ceux-là, je ne sais en vérité si je dois plutôt les louer ou les plaindre de leur stérile courage. Mais ceux qu'il faut louer et admirer sans réserve, ceux auxquels il faut souhaiter de nombreux et vaillants imitateurs, ce sont les descendants de l'ancienne bourgeoisie qui sont retournés à l'amour et à la culture de la terre, où leurs ancêtres avaient puisé la vigueur du corps et du caractère. Modestes autant que nobles agriculteurs, ils redeviennent, avec l'armée qui renferme aujourd'hui la nation tout entière, le plus solide appui de l'ordre social ébranlé et l'espérance de l'avenir.

Ce serait toutefois une grande injustice de faire peser sur la bourgeoisie dont le règne a été si court, et sur elle seule, la responsabilité des maux dont nous souffrons. Les causes ont été si nombreuses, si diverses, si puissantes, de l'état présent de la France, qu'aucune autre nation, à aucune époque de l'histoire, n'aurait été soumise à de pareilles épreuves sans y succomber. Or la France, malgré les ardentes et continuelles compétitions des trois dynasties rivales, celles de vingt partis politiques dont les ambitions, les convoitises, les haines n'ont jamais désarmé, malgré les longues guerres qui ont épuisé le plus pur et le plus généreux de son sang, malgré les désastres inouïs qui ont anéanti ses armées, entamé son territoire, découvert sa frontière, malgré toutes les licences de la parole, de la plume, de tant d'autres choses remplaçant toutes les libertés, semant partout le désordre et l'anarchie, la France est encore debout, sinon forte comme autrefois, du moins pleine de confiance dans ses destinées, et prête, quand elle aura des chefs dignes d'elle, à reprendre son rang parmi les nations.

Souhaitons à ces chefs de comprendre dès aujourd'hui ce que, à la fin de leur carrière politique ou de leur vie, ont si bien compris, mais souvent trop tard, en se défaisant peu à peu de leurs ignorances et de leurs railleries voltairiennes ou de leurs préjugés jansénistes, les plus intelligents. les plus illustres représentants de la bourgeoisie française. Ils ont hautement proclamé que la religion chrétienne, que *l'Église*, suivant le mot fameux du protestant M. Guizot, *est la plus grande école de respect qui soit au monde*, qu'elle est l'inspiratrice et la gardienne des vertus publiques et privées, le plus solide fondement des États quel que soit leur nom, aristocratie, monarchie, démocratie ; que la paix, la prospérité, la stabilité, la liberté elle-même, ne sont ni longtemps, ni pleinement dans le monde moderne, là où elle n'est pas, mais surtout là où elle est proscrite ou persécutée ; que les plus éclatantes victoires des armes n'ont sans elle que des résultats incertains et précaires.

En repassant dans ma mémoire les dernières années de M. Félix Gillon, ses doutes, ses incertitudes, sa recherche ardente de la vérité ; un peu plus tard le calme, la paix profonde de ses derniers jours dans la possession de cette vérité enfin conquise parce qu'elle avait été humblement, sincèrement demandée, je me rappelais Royer-Collard (1) et la noble fin de sa vie. Il commanda, en effet, aux approches de l'heure suprême, que, toutes portes ouvertes, on réunît autour de lui, à côté de sa famille, ses fermiers, ses serviteurs, pour recevoir publiquement et pieusement devant eux les sacrements de l'Église. Lui, l'ancien secrétaire de la Commune de Paris au début de la Révolution, le professeur de philosophie à la Sorbonne, le grand orateur politique, le président de la Chambre des députés, c'est d'une voix où passait toute l'énergie de son âme, qu'il s'écria, s'adressant à tous les témoins de ces adieux solennels : « Il n'y a dans ce monde de solide que les idées religieuses ; ne les abandonnez jamais, ou si vous en sortez, rentrez-y (2). »

Puisse cette parole si semblable aux dernières paroles de M. Félix Gillon, cette suprême exhortation résumant l'expérience d'une longue et laborieuse carrière, être entendue de ceux qui nous gouvernent !

---

(1) ROYER-COLLARD (Pierre-Paul), homme d'État et philosophe, naquit à Sompuis (Marne) en 1763 et y mourut en 1845. Brillant orateur, de l'Académie française, il a surtout attaché son nom à la réaction spiritualiste en combattant le sensualisme de Condillac. En 1827, sept collèges électoraux l'envoyèrent à la Chambre ; il opta pour la Marne, qu'il y représenta presque jusqu'à sa mort. La statue de ce grand citoyen orne une des places de Vitry-le-François.

(2) *Dictionnaire des sciences philosophiques*, article ROYER-COLLARD, écrit par son ami M. Adolphe Garnier.

Si la religion chrétienne a rendu et rend encore aux monarchies de signalés services, elle n'est pas moins utile, disons mieux, elle est indispensable aux démocraties. Où il y a plus de liberté, il faut plus de vertus ; où il y a plus de mobilité et d'instabilité, il faut conserver, avec un soin jaloux, tous les éléments d'ordre, d'unité et de durée.

CLAUDE-CHARLES CHARAUX.

LE PRÉSIDENT FÉLIX GILLON

Écrire une biographie est chose délicate. Si l'orateur, en présence d'une tombe entr'ouverte, peut, sans être repris, exalter une mémoire que guette déjà l'oubli et taire, à cet instant suprême, les imperfections de celui qu'il honore de louanges posthumes, l'historien ne jouit pas d'une pareille immunité. Son devoir est d'être sincère, et de rendre à tous, quoi qu'il puisse lui en coûter, une équitable justice.

A ce point de vue, notre tâche sera facile. M. Félix Gillon fut un de ces hommes droits, intègres, bienfaisants, dont la vie peut être donnée comme exemple. Nous regrettons presque de ne pouvoir, dans notre impartialité, lui reprocher quelque faiblesse ou quelque faute grave, dont ne sont pas toujours exemptes les meilleures natures. Sa vie a été celle du sage, sa mort celle du chrétien, et nulle voix intéressée ou jalouse n'a mêlé depuis une note discordante au concert de louanges que lui ont valu, dans sa ville natale et au dehors, ses éminentes qualités.

Voici ce que disait de lui *un Passant* (1) peu de temps après sa mort :

« Celui qui, il y a quelques années, aurait visité Bar-le-Duc, y eût vu deux figures, aujourd'hui disparues, se détachant de toutes les autres. Elles étaient achevées et hors de pair, modestes, grandes et sans tache ; elles commandaient le respect universel et devant elles la critique restait muette. L'un de ces types était une femme qui (2), après avoir passé par toutes les grandeurs de ce monde, l'avait quitté et avait revêtu, dans sa retraite, une vertu plus touchante. Durant de longues années, elle avait répandu autour d'elle le parfum d'une grandeur morale dont l'impression est encore vivante dans les cœurs.

« L'autre vient de disparaître. Il n'avait rien emprunté aux grandeurs du dehors. Fils de la cité, il s'était élevé et avait vécu dans son sein ; il s'était fait grand par lui seul, et jamais il n'ambitionna de figurer sur une scène plus élevée. Doué d'une vaste intelligence, apte à tous les travaux, s'adonnant aux lettres, aux sciences, à l'administration, savant magistrat, doué d'un caractère stoïque, il s'était tenu par une abstraction volontaire, en dehors de toute influence officielle, au dessus des compétitions et des rivalités ; il n'avait pas exercé le pouvoir qui attire et subjugue les hommes, et cependant, par sa supériorité naturelle, cet homme passait sur la tête de tous : tous les partis venaient à lui et une voix unanime le saluait comme le citoyen le plus éminent de la cité.

« Cet homme était Félix Gillon.

« Nous ne l'avons vu qu'au déclin de sa vie. C'était

(1) Huebert, sous-intendant militaire à Toul.

(2) Madame la maréchale Oudinot, née de Coucy, que les pauvres, si rarement reconnaissants, appelaient *notre bonne Duchesse*

alors un grand et beau vieillard, de manières simples, aisées, ayant plutôt l'air grand qu'un grand air, d'un abord facile, entrant en connaissance par une causerie vive, familière, bienveillante, parlant sur tout et sachant tout, se dépouillant du moindre appareil qui impose. On était entraîné et charmé sous ce regard à la fois doux et fier, et en revenant pleinement à la réflexion, l'on sentait qu'on avait approché un homme supérieur, dont la supériorité se cachait sous la modestie.

« Sa conversation enjouée et abondante, nourrie de faits et de remarques judicieuses vivement présentées, s'élevait par la gravité du sujet à une éloquence entraînante ; mais il ne s'imposait pas d'autorité, il n'absorbait pas le visiteur, laissant à chacun une large place et son tour de parole. Il écoutait et prenait, ou semblait prendre au moins en sérieuse considération ce que l'on disait. Il répondait, mais n'insistait pas. Son rôle n'était point la controverse, et, après la réplique, il laissait aller les choses. Il n'était plus sur son siège pour juger ; il était monté plus haut pour éclairer, et avait l'air de dire à son interlocuteur : « Votre opinion vaut la mienne. »

« La seule originalité de cet homme supérieur, bien rare chez ses pareils, consistait à se complaire dans une situation fort au-dessous de sa valeur. On en eût vainement cherché dans sa conduite des motifs secrets. Cachait-elle une ambition déçue, ou une simplicité orgueilleuse faisant parade de la modestie même ? Non sans doute. Ce grand esprit était sincère et sérieux dans ses actes. Il était heureux au milieu des siens. S'il n'ambitionnait rien, il ne méprisait rien, mais il ne voulait que ce qu'il avait : il était naturel avant tout. Son âme élevée ne cessait de s'applaudir de la ligne de conduite qu'il avait prise, et c'est dans la ville où il est né qu'il a voulu vivre et mourir........ Cet esprit fin et juste, toujours dans le vrai, ne voulait rien dans son cadre qui fût ni au-dessus ni au-dessous de son ambition. Pour vivre de la même vie que tous et pour mieux en jouir, il voulut se renfermer dans les apparences de tout le monde.

« M. Félix Gillon a pourtant rempli, et avec éclat, des fonctions élevées à une certaine époque de sa vie. Président du tribunal civil de Bar le Duc, il a aussi présidé le Conseil général du département. Il ne brigua point le mandat législatif. Frappé par un grand deuil (1), il s'affermit de plus en plus dans ses goûts de retraite.

« Mais les grands intérêts du pays ne le trouvèrent jamais indifférent : il les discutait avec une supériorité sereine. Quelles étaient ses opinions ? Question oiseuse, quand il s'agit d'un tel homme. N'étant pas sur la brèche, il n'avait point dû se cantonner dans un parti ou arborer un drapeau. Il n'était d'aucun parti parce qu'il se plaçait au-dessus de tous. Une sagacité supérieure le maintenait dans cette neutralité désintéressée qui incline vers tout ce qui est national et vraiment patriotique. Des hommes comme lui ne s'encadrent pas dans les rangs d'une secte politique et n'en acceptent point le joug. Leur rôle consiste à conseiller tout ce qui est bon et beau et à flétrir tout ce qui est bas. C'est la politique des citoyens qui n'ont pas d'attaches intéressées à un parti, à un système, à une doctrine. C'est par cette conduite qu'à la longue les utopies se dissipent, que les âmes s'élèvent, et que les esprits rentrent dans les sentiers étroits mais sûrs de la justice. A de tels citoyens, on ne demande pas la couleur de leur enseigne : on sait qu'elle sera toujours dans le chemin de l'honneur.

« Félix Gillon a vécu en sage et il est mort en chrétien. Grande leçon pour ces âmes anxieuses, tourmentées, tenues en suspens par la froide raison et les aspi-

(1) La mort de son fils unique.

rations immortelles. Quel autre se prétendrait mieux inspiré que ne le fut cet esprit élevé à l'heure suprême ?

« Je me demande s'il y a quelque chose de plus touchant que l'exemple de cet éminent citoyen resté tendrement attaché à son clocher, quelque chose de plus beau que ce mâle caractère s'affranchissant des rivalités qui s'agitent dans le cercle étroit d'une petite ville, une récompense plus douce que cette unanimité de regrets, un exemple plus profitable que cette vie passée en pleine lumière (1). »

Ce panégyrique impartial, qui nous servira d'introduction, présente M. Félix Gillon sous son véritable jour : c'est une brillante synthèse dont il nous reste à démontrer l'exactitude.

---

(1) *Echo de l'Est*, 27 mars 1870.

I

LA FAMILLE GILLON

La famille Gillon, adonnée à l'agriculture, est l'une des plus anciennes et des plus honorables de Troyon-sur-Meuse (1). Dès 1647, nous voyons *Claude Gillon*, mayeur et lieutenant de justice en cette commune, et *M. Massonpierre*, maire actuel, qui y exerce des fonctions municipales depuis près d'un demi-siècle, est lui-même fils de *Thérèse Gillon* (2).

Le 9 mai 1750, naquit à Troyon *Jean-Nicolas*, fils de *Nicolas Gillon*, maître de poste, et d'*Anne Brion*. Avocat au parlement de Verdun où il jouissait d'une grande estime, Jean-Nicolas Gillon fut élu député du Tiers-État en 1789 pour les bailliages de Verdun et de Clermont, et deux ans plus tard, son mandat expiré, nommé pour six années, en vertu de la loi du 16 septembre 1791, président du tribunal criminel siégeant à Saint-Mihiel pour tout le département de la Meuse.

En 1792, mu par un sentiment patriotique, il réunit et jeta dans Verdun, assiégé par les Prussiens, un bataillon de volontaires. Atteint par un éclat d'obus, le

(1) Arrondissement de Commercy, canton de St-Mihiel (Meuse).

(2) Cette famille s'est éteinte dans la ligne masculine en la personne de M. *Victor* Gillon, ancien conducteur des ponts et chaussées, mort à Verdun le 5 juin 1896.

31 août, sur le quai de la Boucherie, il mourut de sa blessure en cette ville, âgé de quarante deux ans, le 6 septembre suivant, au début d'une carrière qui promettait d'être brillante.

Son cousin, nommé *Jacques*, comme lui avocat, naquit également à Troyon, de *Jean-Baptiste Gillon* et d'*Élisabeth Mangin*, le 12 juillet 1762. Il fit à Nancy ses études de droit, y prit sa licence en septembre 1784, prêta serment en novembre suivant, se fit inscrire au barreau de Bar le Duc et y tint une place honorable.

Comme toutes les âmes éprises de liberté, Jacques Gillon accueillit avec faveur les idées de la Révolution française, dont il répudia toujours les excès. Il joua dans la Meuse, et surtout à Bar, un rôle important à cette époque agitée, et se fit remarquer dans les diverses fonctions qu'il remplit, par sa fermeté, sa droiture et son impartialité.

Il fut nommé, le 24 septembre 1792, par l'assemblée électorale, administrateur du district de Bar le-Duc, — membre du Directoire de ce même district le 6 mars 1793 (1), — administrateur du département de la Meuse le 12 octobre 1794, — et maintenu dans cette charge le 15 octobre 1795. Le 22 novembre 1796, on l'investit des importantes fonctions de secrétaire général de l'administration centrale de la Meuse, et le 5 mai 1800, de celle de secrétaire général de la Préfecture du même département.

Tout en remplissant avec zèle et ponctualité les fonctions de secrétaire général, M. Gillon reçut, à plusieurs

(1) Il fut à ce titre, ainsi que MM. *Henriot* et *Valleron*, rendu suspect et quelque temps incarcéré; mais tous furent relâchés sur le rapport d'Élie Coste, et les calomniateurs punis.

reprises, des marques singulières de confiance de ses concitoyens. Nous le voyons notamment, en 1803, suppléant de candidat au Corps législatif; en 1808, président du collège électoral du département de la Meuse, et le 27 novembre, suppléant en second du candidat au Corps législatif pour l'arrondissement de Commercy. Ces suppléances, le plaçant en seconde ligne par voie d'élection, lui ouvraient les portes de la Chambre, si le candidat désigné se retirait ou venait à disparaître. Le 1er décembre, il fut lui même candidat pour l'arrondissement de Verdun; mais cédant à de sages conseils, il se désista sans regret, bien que son élection fût assurée. Le 19 juillet 1813, il présida de nouveau le collège électoral du département de la Meuse; mais c'est à tort, pensons nous, qu'il est indiqué comme ayant rempli, lors des Cent Jours, des fonctions législatives (1).

A la première rentrée des Bourbons en 1814, Jacques Gillon tomba dans une sorte de défaveur. Son crime, aux yeux du nouveau pouvoir, était de jouir dans l'administration, d'un crédit portant ombrage au Préfet d'alors, et de conserver, avec quelques libéraux, des relations d'amitié. L'équité prévalut : le 14 janvier 1815, Louis XVIII le fit chevalier de la Légion d'honneur et, par son ordonnance du 26 juillet suivant, le nomma président du collège électoral de Bar le Duc.

Rendu de nouveau suspect au ministre de Cazes, Jacques Gillon fut mis d'office à la retraite le 27 septembre sans avoir été entendu. Cette révocation déguisée fut l'œuvre ténébreuse du préfet Maussion, qui en même temps accablait sa victime de protestations hypocrites.

---

(1) Bonnabelle, *Annuaire de Bar*, année 1880. — Bellot Herment, *Historique de Bar*, p. 484.

Encore une fois, Jacques Gillon reprit bientôt ses fonctions qu'il remplit jusqu'en septembre 1820, époque où lui succéda M. Servais (1), après vingt-huit années de services administratifs.

Voici la note élogieuse ajoutée, le 30 octobre 1815, par M. Maussion lui-même, aux états de services de celui dont il voulait se débarrasser :

« Le Préfet estime que le zèle, l'intégrité incontestable et la capacité peu commune dont M. Gillon a fait preuve dans sa carrière administrative, lui donnent droit à une pension de retraite plus élevée que celle qui lui serait attribuée si l'on ne considérait que le nombre de ses années de services. »

Ce témoignage n'était qu'un faible écho de la reconnaissance officielle. Dès 1811, M. Leclerc, préfet de la Meuse, consulté par le Ministre de l'intérieur sur la valeur personnelle de M. Gillon, lui répondait ce qui suit :

« Monseigneur,

« Pour remplir l'objet de votre lettre confidentielle du 22 de ce mois (novembre), je m'empresse de vous adresser, sur M. le secrétaire général de la préfecture de la Meuse, des renseignements détaillés... Il me coûte d'autant moins dans cette circonstance de vous faire connaître ma pensée tout entière sur ce fonctionnaire, que je n'ai jamais eu que des éloges à lui donner : il jouit de mon estime comme de celle des administrés, et de toute la considération à laquelle a droit de prétendre l'homme de bien qui n'a jamais laissé en arrière aucun de ses devoirs, soit d'état, soit de société.

---

(1) Bonnabelle, *Annuaire de Bar*, année 1861.

« Son père habite le département de la Meuse ; propriétaire aisé, il achève, avec tout l'honneur dû à ses cheveux blancs, les restes d'une vie patriarcale.

« M. Gillon a des talents acquis par une longue pratique de l'administration et une habitude constante du travail ; doué d'un sens très droit, je ne l'ai jamais vu, dans les affaires les plus difficiles, hésiter à prendre la véritable direction.

« Quoique la nature de ses fonctions ne le mette pas souvent à même de déployer son caractère, on peut néanmoins dire qu'il a toute la fermeté qu'on a le droit d'attendre d'un homme sage et réfléchi.

« Son ambition est d'être utile et d'obtenir, après de longs services, le suffrage du gouvernement.

« Il a aimé la Révolution par un sentiment de justice et d'amour de son pays ; ce même sentiment en fait aujourd'hui un sujet fidèle et très dévoué de l'Empereur.....

« Il n'a d'autres relations sociales qu'avec quelques fonctionnaires et quelques amis particuliers, qui sont d'ailleurs animés d'un excellent esprit.....

« Sa passion favorite est celle du travail.....

« Enfin, Monseigneur, il ne me reste plus, pour répondre à votre confiance, qu'à vous dire qu'il est bon mari, bon père, fils respectueux et tendre, en un mot le modèle des hommes honnêtes et vertueux.

« Voilà mon opinion sur le secrétaire général. S'il arrivait que Votre Excellence me jugeât trop favorablement prévenu pour lui, à raison de l'éloge que j'en fais, je la prie de croire néanmoins que je ne l'ai peint qu'avec les couleurs qui lui conviennent, et que je suis véritablement convaincu qu'il est doué de toutes les qualités nécessaires pour rendre à Sa Majesté les plus grands services dans un poste supérieur à celui qu'il occupe. »

Ces qualités valurent à M. Gillon l'estime et l'appui de hauts personnages : le maréchal Oudinot, le général Jacqueminot, les anciens préfets Saulnier, Leclerc, de Sainte Aulaire, etc., lui restèrent profondément dévoués. Et longtemps après qu'il eut quitté l'administration, il jouissait à Bar le Duc d'une influence considérable.

Citons de lui un trait qui peint sa droiture et son intégrité.

En 1835, un de ses parents et fermiers de Troyon, M. M. G., chargé de famille, lui conduisit son fils aîné que la conscription venait d'atteindre. Ce jeune homme avait une déformation insignifiante que le père désirait transformer en cas de réforme, comptant sur l'appui de M. Gillon. Celui ci examina le futur conscrit et dit à M. M. G. :

« Ce défaut est peu important et votre fils peut être soldat ; à la rigueur, je pourrais le faire réformer, mais je ne le tenterai même pas. — Pourquoi donc ? dit le père étonné. — Si votre fils ne part pas, un autre devra partir à sa place, et je commettrais, en vous obligeant, une mauvaise action. Inutile donc d'insister. »

Et voilà comment M. M. fils, aujourd'hui maire de Troyon, parent et compatriote de M. Jacques Gillon, fit sept ans de service militaire. C'est de lui que nous tenons ce fait, à la louange de celui qui l'avait éconduit, et qu'il tient pour cela même en haute estime.

M. Jacques Gillon se maria deux fois. Sa première femme fut *Marie-Henriette Lanthonet*, sœur du général (1).

---

(1) LANTHONET (Frédéric), général de brigade au cadre de réserve, commandeur de la Légion d'honneur, chevalier de Saint Louis, décédé le 2 octobre 1858, était parrain du jeune Félix.

dont il eut un fils, Félix, objet de cette notice. Veuf le 23 janvier 1802, il épousa le 12 janvier 1804, *Mlle Barbe-Marie-Thérèse Dumont*, de Commercy, qui servit de mère au jeune orphelin, et l'aima toujours comme s'il eût été son propre fils.

Jacques Gillon mourut à Bar-le-Duc le 24 décembre 1842. Il était d'une haute taille, sa figure était énergique et sa démarche assurée. Il tenait de sa famille l'amour du travail, de l'ordre et de l'économie ; l'étude et les relations sociales avaient tempéré chez lui ce que ces qualités ont d'anguleux et d'excessif à la campagne. Son commerce était sûr et facile : obliger lui semblait un devoir. Tendre et ferme à l'égard de son fils, il lui traça sa voie, l'y maintint, et conserva sur lui, jusque dans sa vieillesse, un ascendant affectueux dont le jeune Gillon, devenu homme, ne chercha jamais à s'affranchir. Il reçut de son père ces qualités solides qui font les hommes forts contre le mal et pour le bien, et lui prouva sa gratitude par une vénération qui s'accrut avec les années.

Nous devons dire, pour prévenir toute équivoque, qu'une autre famille d'honorables cultivateurs, celle des *Gillon* de Nubécourt (1), qu'aucun lien de parenté connu ne rattache à celle de Troyon, a fourni au département deux frères, avocats à Bar et députés : *Jean-Landry* GILLON (1786-1856), conseiller à la Cour de cassation, député de la Meuse sous la Monarchie de Juillet, et *Paulin* GILLON. Ce dernier, né en 1796, refusa en 1830 la sous-préfecture de Commercy, fut, cette même année, secrétaire général de la préfecture de la Meuse, maire de Bar

---

(1) Arrondissement de Bar-le-Duc, canton de Triaucourt (Meuse).

de 1840 à 1848, et député de cette ville de 1848 à 1852 et de 1870 à 1875. Il fut en 1870 l'un des fondateurs de la *Société des Lettres, Sciences et Arts* de Bar le Duc, qu'il présida jusqu'à sa mort arrivée en 1878 (1).

---

(1) Voir les Notices biographiques écrites par MM. Florentin et Salmon.

II

L'ÉTUDIANT

M. Félix Gillon naquit à Bar-le-Duc le 11 messidor an VIII (29 juin 1799).

Nous ne dirons rien de sa première enfance.

En 1808, il entra au collège de Bar-le-Duc, et deux ans plus tard à celui de Metz, où il resta jusqu'en 1816. Tout d'abord, il ne fit pas pressentir l'homme calme, laborieux, pondéré qu'il sera plus tard. S'il fait preuve d'intelligence, ses notes scolaires nous le représentent léger, susceptible, peu appliqué. Les mathématiques surtout lui déplaisent. Cependant, M. Lemaire (1) lui adressa la lettre suivante, le 12 septembre 1815 :

« Mon cher et jeune ami, j'ai lu dans le *Narrateur* (2) l'article qui raconte tes succès ; je veux te donner un témoignage de la part que j'y prends ; reçois donc les œuvres de Racine, en sept volumes, que je t'offre comme un gage de mon attachement pour toi, de mon amitié pour ton père, et du plus tendre souvenir pour ta vertueuse mère. Jamais ces sentiments ne s'effaceront

---

(1) Nicolas-Éloi Lemaire, né à Triaucourt (1767-1832), doyen de la Faculté des Lettres de Paris, qui a donné une excellente édition des *Classiques latins*.

(2) *Le Narrateur de la Meuse*, qui se publiait à Commercy.

de mon âme, et tu pourras en retrouver la preuve en tout temps. »

En 1816, le jeune Gillon est classé premier pour une pièce de vers dont la *Mort de Louis XVI* était le sujet ; mais s'il tient la tête de la classe, le principal, M. Saincère, doit informer ses parents que « s'il souffrait plus patiemment le joug de la discipline et qu'il ne murmurât pas tant, son éloge serait complet. »

Cette même année, muni de son diplôme de bachelier ès lettres, il entre à l'institution Lecomte oncle et neveu, de Paris, comme étudiant en droit. Cette institution, où il trouva plusieurs de ses compatriotes, était considérée comme offrant, au double point de vue des études et des mœurs, toute la sécurité désirable.

Cela ne suffit pas à son père, qui le surveille de loin, lui fait rendre chaque mois un compte rigoureux de toutes ses dépenses et de l'argent qu'il lui envoie, le formant ainsi à l'ordre, à l'économie jusque dans les moindres détails. C'est ce qui résulte de quelques passages des lettres que le jeune étudiant écrit à sa famille et qui surprendraient bien nos étudiants d'aujourd'hui.

A la date du 6 février 1817, M. Lecomte aîné écrit à M. Gillon père :

« Je n'ai jusqu'à ce moment qu'à me louer de la bonne tenue, de la conduite et du zèle de M. votre fils pour s'instruire et se distinguer dans son année de droit. Vous serez à même de juger de son travail en voyant l'ordre qu'il met dans la rédaction des matières qu'il étudie, et des cours qu'il suit avec une régularité exemplaire. »

Cette lettre est confirmée par une autre du 7 mai suivant, et voici ce que le chef d'institution disait de son pensionnaire le 6 janvier 1818 :

« M. votre fils a été placé, à son retour, à sa convenance, c'est-à dire dans une chambre à lui seul. Ainsi rien ne peut le distraire dans ses études, et il me paraît qu'il s'y livre avec assiduité et se prépare de manière à ne pas se faire moins distinguer dans cette seconde année que dans la première. Cela est d'autant plus louable que le nombre des élèves de droit qui marchent sur ses traces est infiniment petit. »

La timidité du jeune homme se révèle dans une lettre qu'il écrit à son père le 26 novembre 1817 :

« C'est avec un grand regret, me dis tu, que tu me vois renoncer à me faire interroger par M. Pigeau. Je ne me sens pas la force de faire cette démarche. J'en ai déjà vu trois hier, bafoués, et je n'ai pas envie de m'exposer aux risées insultantes des élèves. Que d'autres, plus confiants dans leurs moyens, se présentent à la tribune. Je les loue sans être tenté de les imiter..... Non seulement sévère, mais encore bourru, M. le professeur ne contribuerait pas peu à me troubler. Gillon (Paulin) s'est fait inscrire, oui ; mais habitué à la société, il ne craint pas de parler en public, et devant quel public ? Six à sept cents jeunes gens ! »

Déjà l'étudiant en droit fuyait le monde comme il le fera plus tard, autant que les convenances sociales le lui permettront ; c'est ce que prouve ce passage d'une lettre à ses parents, du 5 janvier 1818 :

« M. Saulnier (1) m'a fait inviter à un bal chez lui.

(1) Ancien préfet de la Meuse, du 2 mars 1800 au 19 avril 1805, et ami de M. Jacques Gillon.

Je n'y suis pas allé pour m'ennuyer, bâiller, fournir le portrait d'un sauvage ou d'un sot, et rentrer à deux heures du matin ! »

Ce qui va suivre nous révèlera, chez le jeune Gillon, une tendance au découragement. Sa santé laisse à désirer ; sa vue faible et fatiguée lui inspire de sérieuses inquiétudes, le fait beaucoup souffrir et lui interdit presque tout travail. Un oculiste inhabile aggrave le mal sous prétexte de le guérir. De plus, la science du droit, dans laquelle il excellera plus tard, lui inspire de la répugnance, et il faut toute sa soumission aux volontés formelles de son père, qui désire en faire un avocat, pour qu'il s'y applique sérieusement.

Nous retrouverons chez l'homme mûr, sous l'influence de causes diverses, ce dégoût, cet affaissement moral qui lui inspira des pages aussi sombres que les lettres qui suivent, et que, simple étudiant, il écrivait à sa famille affligée.

13 Décembre 1817. — « Fidèle à l'engagement que j'ai pris de t'écrire tous les dix jours, je commence la quatrième lettre sans avoir reçu réponse des trois précédentes. J'en attends une au moins pour celle ci, et je l'attends avec impatience. Dans la triste maison où je suis enfermé, dans ma triste étude, je n'ai que cette consolation, et vous m'en privez depuis vingt jours ! C'est maintenant surtout que j'aurais besoin de vos lettres ; mes maux de tête sont moins fréquents, mais semblent recouvrer en violence ce qu'ils perdent en durée. Chaque soir, en descendant souper, je compte les apaiser par le remède le plus efficace, une lettre ; le facteur vient pour tout le monde, excepté pour moi. Si ce silence durait encore longtemps, dites m'en au moins la cause pour me tranquilliser. »

Tout en faisant la part d'une certaine exagération, l'on peut se convaincre que l'étudiant n'était pas sur un lit de roses. Et stoïque, impassible, blasé peut-être sur ces plaintes, le père fait la sourde oreille aux appels réitérés de son fils.

Et Félix Gillon, devenu père à son tour, quittera tout plus tard pour suivre le sien à Paris et lui épargner de telles amertumes.

9 Décembre 1819. — « J'ai déjà plaidé trois fois à ma bazoche (1) ; j'ai gagné deux fois ma cause, succès assez insignifiant, car j'étais tombé au bon côté de la question.

« M. Biot est un grand mathématicien et sa physique s'en ressent ; elle est par conséquent assez difficile et rude pour moi ; n'importe, tout aujourd'hui me prouve que rien n'est au mieux dans le meilleur des mondes possibles.

« Je ne crois pas ma santé menacée ; le moral est plus malade que le physique. »

11 Janvier 1820. — Il m'est impossible de suivre le cours de M. Biot : j'ai trois examens à passer cette année et j'avoue que leur difficulté m'effraye. Ma bazoche exige de moi beaucoup de travail ; les censeurs me reprochent toujours de ne pas assez approfondir. La raison en est simple : c'est que, malgré mon travail, je ne comprends pas du tout la science du droit. C'est pour moi la bouteille à l'encre. »

20 Janvier 1820. — « Ma santé est toujours la même. Aujourd'hui matin j'étais malade plus que

---

(1) Réunion où les futurs avocats s'exerçaient entre eux aux luttes juridiques.

jamais. En sortant du cours de M. Pigeau, je rentrai chez moi pour préparer la leçon de M. Fresneau : il me fut impossible de rien apprendre : je lisais sans savoir ce que je lisais, pensant à autre chose. Je lis haut pour m'étourdir ; et alors je ne pense ni à ce que je lis ni à autre chose.

« Je suis en droit d'une ignorance extrême. Il y a un mois à peu près que nous avons commencé les *successions* : nous en sommes aux *rapports* : eh bien ! il y a deux jours, je ne savais pas ce que c'était que le *préciput*. *Ah ! Corydon, Corydon, quæ te dementia cepit !* (1).

« Dans mes moments de maladie, ma tête est brûlante, mes yeux sont humides, bouillants pour ainsi dire, et j'allais ne pas t'en parler. En vérité, je ne sais ce que je dis. »

8 Février 1820. — « Ton silence sur ma dernière lettre m'annonce que, malgré mes explications, ton mécontentement dure toujours ; j'ai fait toutefois tout ce que je pouvais pour faire cesser l'état de choses qui l'avait provoqué.

« Je passe mon examen le 1er mars. J'avoue que je suis fort embarrassé ; l'état de ma vue est pire qu'il n'avait été d'abord ; mes yeux sont moins rouges et beaucoup plus faibles. Depuis quinze jours je sors à peine pour aller dîner, et je n'ai pu aller voir M. Gillon (Jean-Landry) que mercredi dernier, le jour de son arrivée. Hier, j'étais invité à dîner avec lui ; ma santé m'a forcé de refuser. Depuis plus de quinze jours je ne fais rien, et à présent à peine puis je étudier deux heures par jour : ce n'est pas ainsi qu'on se prépare à un examen difficile. J'attends tout du sort et rien de moi.

(1) « Ah ! Corydon, Corydon, quel délire s'est emparé de toi ! » (Virgile, Églogue II, vers 69.)

« Mais ces idées ne sont pas les seules qui me tourmentent. Les médecins m'avaient promis que ma vue prendrait de la force, et qu'à vingt ans à peu près je serais guéri. Je vois plus que jamais qu'il faut se défier de leurs promesses, et mes yeux, toujours malades malgré les soins que je prends, ne m'annoncent que trop qu'il n'y aura pour moi de fixité que dans une cécité absolue. Je m'y attends et ne m'en effraye pas. Il est pénible sans doute à mon âge, après avoir fait quelques études, de tomber dans un semblable état, mais c'est un de ces accidents de la destinée contre lequel je trouve des forces dans mon âme........ Puisse le beau soleil de printemps, sans augmenter la fermentation de mon sang, peut être trop actif, me ramener à des idées plus gaies et me faire entrevoir un plus riant avenir ! »

28 Mars 1820. — « Combien j'ai été peiné, mon cher père, en lisant ta lettre que je reçois à l'instant ! Ma dernière en est la cause ; mais cette dernière, dans quelle malheureuse disposition d'esprit l'ai je donc écrite pour qu'elle te soit comme à moi un sujet d'ennui ! Sans doute, les idées qui occupaient mon esprit, l'isolement dans lequel je me trouvais par le départ de Gillon, la mort d'un de mes plus chers amis de cœur qui, au lycée, partagea mes peines et fut, par des maîtres injustes ou aveugles, puni de son amitié pour moi, la rapidité avec laquelle j'écrivis, tout cela demande grâce pour moi, tout cela, je l'espère, me la fera obtenir. Ne va pas regarder comme apprêtée une lettre que certes je n'avais pas comprise comme toi ; je la désavoue, puisqu'elle a pu un instant te faire croire que je suis ingrat et que j'oublie tes bontés. Non, non, jamais ! Toujours je me rappelle tes soins, toujours aussi ceux de maman ; mon unique but sera de vous contenter, et si quelques fautes de jeunesse pouvaient mériter votre blâme, oh ! pardonnez les-moi, et croyez que jamais je n'ai abjuré les sentiments d'amour et de reconnaissance que je vous dois, et que j'aurai pour vous tant que durera ma vie.

« Si je t'ai encore parlé de ma vue, j'étais loin de penser à t'affliger en levant le voile d'un redoutable avenir. Eh bien! pour prévenir toutes explications ultérieures, parlons franchement et à cœur ouvert. Les médecins ont ignoré ma maladie et en sont convenus; ce n'est pas seulement dans le passage de la jeunesse à la virilité que j'ai souffert; dès mon enfance j'ai souffert de la vue; aussi aujourd'hui, que je vois tous les ans cet état empirer, ai je pu, ai je dû croire que ma guérison ne serait jamais complète. L'avenir m'a paru redoutable; il a été l'objet de mes réflexions, aujourd'hui je commence à m'y accoutumer, et c'est presque sans crainte que je le verrais se réaliser. Voilà mes idées; voilà ce que je pense et ce que je sens; il me serait pénible sans doute d'avoir passé ma jeunesse à étudier, à t'avoir vu faire, pour mes études, tant et tant de sacrifices pour en perdre à jamais le fruit; mais si cette dure loi m'est imposée, j'ose me croire assez ferme pour l'accepter avec résignation...

« Pour tirer mon billet (1), ce doit être mon meilleur ami qui me remplace; ce sera donc toi, à moins que tu ne préfères toi même remettre ce soin à mon oncle. »

Toutes ces appréhensions furent vaines; la vue du jeune Gillon se raffermit, bien qu'il dût en souffrir plus tard, et, le 20 août 1820, il soutint avec un plein succès sa thèse de licencié en droit.

Le lendemain, il en informe ses parents et il ajoute :

« Craignant un échec, je n'ai dédié ma thèse à personne, mais j'ai fait mettre en titre cette déclaration de

(1) Il s'agit du tirage au sort.

mes sentiments : *Gratissimi animi professio*, Hommage de profonde reconnaissance. A qui pourrait aller cette dédicace, si n'est à toi, si ce n'est à maman, à tous deux qui avez pris soin de mes études, qui n'avez rien épargné pour mon éducation, ni soins, ni sacrifices ? C'est à vous que je suis redevable de tout ce que je puis être un jour, et j'ai voulu que le premier acte sérieux qui émane de moi vous fût dédié comme un témoignage de ma vive et sincère gratitude. »

Félix Gillon revint à Bar, et se fit inscrire sans délai au tableau déjà chargé des avocats près du tribunal de cette ville.

III

L'AVOCAT

Donc, malgré sa répugnance et de par la volonté paternelle, Félix Gillon fut avocat. Pour nous, qui avons reçu ses leçons, il aurait excellé dans l'enseignement : sa place, après quelques années de laborieuse retraite, était dans une chaire de Faculté, où il eût professé, imposé avec autorité, les vrais, les grands principes du droit, et préparé une magistrature d'élite. Son ambition fut plus modeste. Il s'engagea par déférence, mais résolument, dans la voie qu'on lui avait tracée ; ayant mis la main à la charrue, il regarda devant lui, et se cantonna dès le début dans une forteresse inexpugnable : le devoir.

Et s'il ne fut jamais un avocat de cour d'assises, où l'art du défenseur consiste surtout à émouvoir les jurés, à alarmer leur conscience plus ou moins timorée, et à déconcerter leur bon sens, c'est parce qu'il plaida le vrai, toujours le vrai, sans s'inquiéter outre mesure d'un succès oratoire, ou d'un verdict dicté par le cœur bien plus que par la raison.

La popularité de son père lui valut une prompte clientèle, retenue et augmentée chaque jour par son incontestable talent. Le barreau de Bar possédait alors des hommes d'une haute valeur, qui bientôt durent compter avec le jeune collègue dont la vigoureuse dialectique, la connaissance approfondie des lois et l'art d'exposer avec lucidité les faits de la cause, servis par une voix sonore, avaient valu plus d'un triomphe.

« Ce qui, selon nous, a surtout conquis à M. Gillon l'estime publique, c'est le parfait désintéressement dont il fit preuve dans sa carrière d'avocat. En le voyant réserver plus volontiers l'appui de sa parole aux causes qui lui semblaient équitables, aux humbles et aux petits surtout, souvent opprimés par les audacieux et les violents ; en apprenant à reconnaître en lui, à côté de l'avocat éminent, l'homme de bon conseil qui prenait à tâche de terminer les litiges dans son cabinet et y réussissait souvent à la satisfaction des parties, ses concitoyens eurent bientôt conçu pour lui de justes et profonds sentiments de confiance, de gratitude et d'affection » (1). Cette appréciation du caractère de M. Paulin Gillon, son condisciple à Paris et son collègue à Bar, s'applique admirablement à celui de M. Félix Gillon.

La vue du jeune avocat, qui s'était sensiblement améliorée, lui inspira, dès l'année 1826, de nouvelles inquiétudes. Un travail assidu, un état nerveux entretenu, surexcité par les émotions des luttes oratoires qu'exigeait sa profession, semblaient être les principales causes du mal. Il fallut donc aviser. C'est alors que, sur le conseil de son père, Félix Gillon résolut de se faire soigner à Paris et tenta d'entrer dans la magistrature. Son état lui plaisait ; son cabinet était bien achalandé ; ses profits honnêtes dépassaient ses espérances ; aussi hésita-t-il quelque temps à quitter la proie pour l'ombre.

---

(1) M. E. Florentin, *Notice sur M. P. Gillon*, Mém. de la Société des Lettres, Sciences et Arts de Bar-le-Duc, 1884.

M. Jacques Gillon lui écrit à ce sujet le 26 juillet 1828 :

« ...... Je passe à ce qui te concerne particulièrement.

« D'abord, c'est à toi de te décider sur le parti à prendre ; il s'agit de ton intérêt, qui seul doit régler ta conduite. Tu as à opter entre la magistrature et le barreau...... Je pense qu'il faut remercier M. de Sainte-Aulaire (1) de sa bienveillance et suivre ton état ; mais alors il faut t'y livrer avec activité...... Prononce-toi, etc. »

Et son fils répond trois jours après :

« ...... Quant à ce qui me touche, il est très probable que nous en recauserons (avec M. de Sainte-Aulaire), et je t'avouerai franchement que je penche assez pour demeurer au barreau. La magistrature ne m'offrira point d'avantages pécuniaires, ou ces avantages sont si minces qu'il ne faut point en tenir compte. Y trouverai-je du moins plus de repos, repos qui peut être nécessaire à ma santé ? Non, il ne faut pas plus se laisser battre au parquet qu'au barreau, et alors on doit tenir constamment ses armes prêtes. Je cherche depuis huit jours quelles chances de succès le parquet m'offre, et je n'en trouve aucune, ou de si faibles que ce serait folie de les calculer. Mais si je reste au barreau, il faut, me dis-tu, me livrer à mon état avec un zèle soutenu, un dévouement marqué. Est-ce un reproche que tu veux me faire ? Mais je ne sais pas quand j'y ai donné lieu, quelles affaires j'ai négligées, quel client a pu se plaindre de mon indifférence. Je ne sais pas davantage ce que tu

---

(1) Comte, habile diplomate, membre de l'Académie française, député de la Meuse, ancien préfet du département sous le premier Empire, né en 1778, mort en 1854.

appelles *zèle soutenu*, dévouement marqué. Ce n'est pas comme X... sans doute, être à la piste de toutes les affaires et enter procès sur procès...... ne pas vivre un moment pour soi et toujours pour les autres. Eh bien ! j'en conviendrai, quand même mes forces y suffiraient, je ne prendrais pas la résolution de me livrer de cette sorte à ma profession, et d'après ce que je t'ai ouï dire, tu ne le voudrais pas plus que moi.... »

Dès le lendemain de cette lettre énergique et respectueuse, Félix Gillon reprend la plume :

« Je suis allé ce matin, dit il à son père, chez M. le comte de Sainte-Aulaire, et nous avons longuement causé ensemble : « Pour aujourd'hui, m'a t il dit, on ne « peut espérer rien de plus qu'un poste de substitut, et « non pas pour être dans un chef lieu judiciaire ; car il « faut remarquer que déjà il y a faveur à être nommé « substitut d'emblée ; il semble qu'on doive commencer « par être juge auditeur. Regardons donc possible pour « aujourd'hui une nomination de substitut à 40, 50, « 60 lieues de Bar comme bâton de maréchal, — ce sont « ses propres mots, — et comptons qu'il faut demeurer « là deux ans au moins. Mais dans deux ans y serons « nous ? aurons nous du crédit ? Toutes choses incer « taines aujourd'hui et sur lesquelles on ne peut rien « fonder...... » En définitive, j'ai vu que M. de Sainte-Aulaire trouvait qu'il y a dans cette route peu de chances de succès et des avantages plus qu'incertains.

« Je compte aller revoir M. de Sainte Aulaire, et je songerai à mon affaire d'ici là ; je crois bien que je reviendrai avec la détermination de rester toute ma vie ce que j'ai été jusqu'à présent, un pauvre avocat. »

C'est, pensons-nous, ce qu'au fond il désirait. Cependant, par déférence, il sollicite de nouveau, et le 31 écrit à sa famille :

« ...... Je suis allé ce matin chez M. de Sainte-Aulaire, et définitivement je reste ce que je suis, un pauvre avocat. M. de Sainte Aulaire paraît croire que c'est aussi ce que j'ai de mieux à faire...... Il regarde l'avenir comme aussi beau en restant avocat qu'en entrant dans la magistrature. »

Et le 5 août suivant :

« ...... Pour l'avenir, rien ne pouvant m'être promis, le pouvoir n'ayant qu'à changer de main, les recommandations qui m'auraient fait placer seraient un titre de défaveur.

« Je demeurerai avec vous ; je continuerai cette vie tranquille que j'y ai menée jusqu'à présent ; je ferai mon état aussi bien qu'il sera en moi.... Restons donc tels que nous sommes. Né obscur, je vivrai obscur et laisserai à d'autres les dangers et les honneurs de l'ambition. »

Cette résolution était d'autant plus louable, que, dans une lettre bienveillante, le comte de Sainte-Aulaire lui avait exprimé l'espoir de le voir un jour siéger à la Chambre des députés.

Le 25 novembre, ce puissant protecteur, qui joua un rôle si important sous Louis-Philippe, adresse à M. Gillon père la lettre qui suit :

« Mon cher Monsieur Gillon, je vous livre ceci fort en confidence ; n'en parlez à personne pour m'éviter le ridicule de vendre la peau de l'ours. Mais il n'est pas improbable aujourd'hui que le ministère sera changé, et dans ce cas votre préfet ne durerait guère (1).

J'aurais donc besoin de savoir s'il vous conviendrait alors de reprendre vos fonctions de secrétaire général. Si vous en avez assez, ainsi que je suis disposé à le croire, que pensez vous de votre fils pour cette place ? Je sais qu'il est fort jeune et peut être étonnera t il un peu sous ce rapport. Mais d'abord il est fort capable, et puis vos services sont un titre qui lui établit une grande convenance. Répondez-moi, je vous prie, à Paris, rue de Bourbon, n° 78, et parlez-moi de sorte qu'on ne puisse deviner ce dont il s'agit. Donnez-moi l'âge et les noms de baptême de votre fils. Je n'ai parlé de rien à mon collègue (2), parce que nous sommes encore loin du terme que je prévois. Au moins je le préviendrai à temps.

« Adieu, comptez, je vous prie, sur mon dévouement à vous et aux vôtres.

De Sainte Aulaire.

Nous ignorons ce que M. Jacques Gillon répondit à ces avances, quoiqu'il rêvât toute autre situation pour son fils qu'un emploi dans l'administration. Il écrivit sans doute à M. de Sainte Aulaire une lettre polie qui, sans accepter ni refuser d'une manière formelle, comme il sied vis-à-vis des grands, ne repoussait pas son concours, ce qui eût pu sembler de l'ingratitude. C'est ce que paraît démontrer la lettre suivante de M. Félix Gillon du 4 août 1830 :

« J'ai reçu votre lettre, mon cher camarade (3) ; je

---

(1) Ce préfet était M. le comte d'Arros.

(2) Étienne (Charles Guillaume), député de la Meuse, pair de France, membre de l'Académie française, écrivain dramatique et publiciste, né à Chamouilley (Haute-Marne), 1778-1845.

(3) M. *Demimuid* (Jean-Léon), maître de forges à Haironville (Meuse), fils de *Demimuid* (Pierre), alors député de la Meuse.

suis encore à revenir de ma surprise : me voir présenté pour être secrétaire général ; j'ai lu, relu votre lettre avant d'y croire. Je l'ai communiquée à Paulin Gillon et à Lombard (avocats) ; nous en avons tous trois causé longuement ensemble, et voici ce que nous avons arrêté en commun.

« Lombard ne peut accepter les fonctions de juge d'instruction ; il désire rester avocat ; il accepterait des fonctions qui ne seraient pas incompatibles avec sa profession, et pourra nous être très utile dans les divers conseils administratifs ou municipaux qui existent dans l'organisation actuelle. (On était alors au début du gouvernement de Juillet.)

« Paulin Gillon ne veut pas quitter Bar (1), où le retiennent ses propriétés, ses affections de famille et celles de sa femme. A Bar, il acceptera des fonctions publiques, celles, par exemple de secrétaire général, s'il le faut ; mais il ne sortira pas de Bar. Du reste, une même raison retient ici et Lombard et Paulin. Ils sont les rédacteurs du *Journal de la Meuse*, qui peut rendre de très grands services et qui tomberait par l'absence de l'un des deux. Cela est une raison politique qui rend leur présence nécessaire à Bar.

« Quant à moi, mon ami, depuis dix ans je me suis occupé d'études purement judiciaires ; et puisque vous pensiez que mon concours pouvait être utile dans les circonstances actuelles, il fallait me présenter seulement pour des fonctions judiciaires. Cependant, s'il est nécessaire de servir où que ce soit dans le moment présent, je pense qu'on doit provisoirement accepter, sauf à se démettre quand les affaires seront définitivement assises et marcheront bien.

---

(1) Il s'agissait pour lui de la sous-préfecture de Commercy.

« Lombard est avocat, et sa profession d'avocat n'est pas incompatible avec la place de conseiller de préfecture.

« En dernier résultat, songez bien, mon cher ami, que nous n'accepterions tous trois que pour le bien du service, et si vous croyez que d'autres peuvent être plus utiles que nous, n'hésitez pas à les proposer à notre place. La chose publique a des droits qui passent avant les préférences et les affections.

« Une des causes qui ont le plus contribué à déconsidérer l'ancien gouvernement, c'est qu'il n'appelait au pouvoir que des gens sans capacité, qui n'y avaient d'autres titres que la protection et la faveur. Dites donc bien aux chefs actuels que l'on désire surtout avoir des fonctionnaires qui soient à la hauteur de leurs emplois, des administrateurs qui n'aient pas à recevoir de leçons de leurs administrés. Rien ne donne de force à la puissance publique comme de la voir entre des mains probes et habiles. »

S'inspirant de ces principes, le gouvernement de Juillet eut, au moins à son début, le bon esprit d'appeler aux fonctions publiques les hommes les plus aptes à les remplir. « Bar-le-Duc vit alors une chose assez rare. Tandis qu'une tourbe de solliciteurs assiégeaient à Paris les ministères et donnaient le spectacle d'une chasse éhontée aux emplois lucratifs, les hommes dont cette ville pouvait le plus s'enorgueillir déclinaient les offres du gouvernement et gardaient leur toge d'avocat (1). »

Malgré toutes ses protestations, M. F. Gillon fut nommé secrétaire général de la préfecture de la Meuse.

(1) E. Florentin, *Notice sur Paulin Gillon.*

Voici ce qu'il répond à une lettre de félicitations de M. Cordier (1), l'un de ses amis, à propos de cette mesure :

« Mon ami, la nouvelle de ma nomination m'est arrivée à l'improviste. J'avais toujours cru qu'avant de disposer de moi, avant de changer et bouleverser ainsi mon existence, on me consulterait. Je ne suis pas à six cents lieues de Paris, et en deux jours le courrier portait ma réponse. Mais sans s'occuper de moi, de mes habitudes, de mes goûts, de mes études, de mes déterminations, on me fait secrétaire général, et tout cela au nom de la liberté. Demimuid aura reçu deux lettres de moi dans lesquelles je proteste que je ne puis accepter et n'accepterai pas cette nomination. Ma résolution est ferme et arrêtée, nulle instance n'y pourra rien changer. Et que me diraient-ils, ceux qui me l'ont value, pour m'amener à leur sentiment ? Que la place me convient et que j'y puis servir la chose publique ? Répondez-leur en mon nom, répondez-leur formellement qu'ils se trompent. La place ne me convient pas ; un travail assidu de sept heures par jour ne convient ni à mes habitudes ni à ma santé ; je ne m'accommoderai pas, avec mes goûts, d'une assiduité de tous les jours ; mon caractère ne se plierait point à des services dépendant absolument d'un Préfet dont je serais le subordonné. Mon père est resté vingt ans secrétaire général ; il connaît les dégoûts et les déboires de cette position ; il m'a élevé en me les racontant, et dans ses récits j'ai puisé un éloignement profond pour toutes les fonctions administratives. Cet éloignement m'a jeté dans une carrière qui d'abord me rebuta, à laquelle je me suis

(1) Originaire de Brillon (Meuse) et libraire à Paris, 9, rue des Billettes, homme aux opinions avancées.

voué depuis, et qui m'est chère aujourd'hui par les difficultés que j'ai eues à vaincre. Je suis avocat et je *désire* rester avocat.

« Secrétaire général, je ne serais d'aucune utilité à la chose publique. J'ignore entièrement l'administration: elle a ses règles, ses lois, ses formes, auxquelles je suis totalement étranger. Le dernier commis de bureau en sait plus que moi là-dessus, et quand on accepte des fonctions il ne faut pas s'exposer à recevoir des leçons de ceux à qui l'on devrait en donner. L'intérêt public bien entendu exige que l'on ne confie pas le soin des affaires administratives à un homme qui est incapable de les diriger. On reprochait au gouvernement du Roi de nommer ses agents sans s'inquiéter de leur capacité et seulement d'après leurs opinions politiques, et l'on retombe dans la même faute qui a perdu le gouvernement du Roi.

« Voici donc, mon cher ami, mon dernier mot sur ce sujet. Je ne demande rien et je désire garder mon indépendance. La liberté n'est pas aimée par nous comme Charles X le fut par tout le monde, parce qu'ils avaient part à ses faveurs et au budget. Nous avons servi la cause de la liberté pour des motifs plus élevés. Pour moi, j'étais convaincu que là seulement la nation trouverait repos et prospérité, et je voulais marcher sous cette bannière au perfectionnement de la civilisation. Je n'aime la liberté ni par avidité, ni par ambition, mais pour elle, pour ses bienfaits. Dites donc à ceux qui m'ont nommé ou fait nommer quelle est ma détermination: à quelque fonction administrative (1) qu'on me nomme, j'oppose un refus net et invincible, et jamais, dans aucun cas, je ne voudrais succéder à un homme destitué, à un homme qui serait chassé pour me faire place.

(1) Ici M. Gillon avait d'abord ajouté : *ou judiciaire*.

« Comme j'ignore, mon ami, qui a provoqué ma nomination, et que sur mon refus des fonctions de secrétaire général on pourrait me désigner pour quelque autre emploi, communiquez, je vous prie, ma lettre à Demimuid ; parlez-en, ainsi que lui, aux personnes influentes qui ont la bonté de songer à moi, et qui, en me faisant nommer, m'ont donné un témoignage d'intérêt dont je ne veux pas profiter, tout en leur conservant une éternelle reconnaissance.

« Je reste donc avocat. »

Cette lettre, sorte de déclaration de principes, sent un peu l'apprêt : le premier jet, que nous avons sous les yeux, était plus énergique encore : les termes en sont adoucis : *je désire* remplace *je veux*, et les mots *ou judiciaires*, effacés sur l'original, laissent à penser que l'avocat ne serait pas fâché d'obtenir, en compensation du poste qu'il refuse, une situation sortable dans la magistrature.

A peine sa lettre était-elle parvenue à destination, que, le 8 août, son ami Demimuid lui écrivait :

«.... Maintenant, mon cher ami, j'arrive à ce qui vous regarde personnellement. C'est un acte de patriotisme de votre part d'accepter provisoirement. Il faut que l'administration marche, et qu'elle ne soit plus dans les mains de ceux qui la dirigeaient il y a quelques jours. Certes, vous ne m'accuserez pas d'être un complimenteur, mais permettez que je n'approuve pas votre modestie. Votre beau talent, vos connaissances étendues et variées vous mettent très à même de bien administrer notre département durant la session. Après, mon ami, eh bien ! si vous persistez à ne pas vouloir suivre la carrière administrative, la magistrature vous sera ouverte. Le poste que vous refusez doit vous mener, dans les circonstances présentes à une préfecture ; et qui, mieux que vous, mériterait de devenir préfet ? Et qui, dans ce beau poste, pourrait plus que vous rendre des services à la cause nationale ? C'est une chose urgente que vous acceptiez. Ce matin, j'en causais avec M. Étienne (1). Il m'a engagé à vous écrire à ce sujet, et il croit de la plus impérieuse nécessité que vous acceptiez. Les hommes comme vous sont rares.

« Je vous demande franchement votre détermination ; je sollicite même de nous faire connaître quel est cet emploi que vous ambitionneriez. Ces Messieurs de la députation sont tout prêts à s'employer pour vous. Est-ce juge d'instruction ou quelqu'autre place dans la magistrature à Bar ? Je sais que vous ne voulez pas quitter cette ville, et pour moi je désire, je vous l'assure, vous y voir fixé à jamais. Je conçois les scrupules que vous élevez, mais dites moi qui ils regardent.

« De nouveau, mon cher Gillon, je viens vous prier, vous supplier, au nom de nos députés, dans l'intérêt de notre département, d'en prendre l'administration. Songez que quand vous le voudrez, vous recouvrerez cette indépendance qui vous est si chère ; mais l'intérêt de votre pays, dans les circonstances présentes, exige que vous lui fassiez ce sacrifice. J'attends de suite un mot de vous. Il m'apprendra, j'espère, que vous vous êtes rendu aux vœux de tous nos concitoyens. Je vous prie, écrivez moi de suite ; ouvrez vous franchement à moi ; cela demeurera tout à fait entre nous. »

A ces très vives instances, M. Henri Étienne joint les siennes, appuyées d'autres arguments :

---

(1) ÉTIENNE (Pierre-Henri-Charles), référendaire à la Cour des Comptes, fils du député de ce nom, député lui-même pour la Meuse en 1832, 1848 et 1849.

« 9 août 1830.

« Mon cher compatriote,

« Permettez-moi de vous parler avec une entière franchise.

« Vous commettez un crime de lèse-patrie en n'acceptant pas les fonctions dont vous venez d'être revêtu. Cordier me communique votre lettre, et toutes les raisons que vous déduisez avec beaucoup de réflexion ne m'ont pas convaincu.

« ..... Voulez-vous voir arriver des étrangers pour vous administrer ? Si c'est votre désir, votre vœu, écrivez, et vous serez bientôt satisfait ; mais n'est-il pas du plus grand intérêt pour le département d'avoir des administrateurs qui soient sortis de son sein ?

« ..... Voyez ce qui existe : le département est sans administration. Les maires écrivent qu'ils ne reçoivent aucun ordre. On s'adresse aux députés, et les députés ne veulent plus rien proposer. Vous allez donc rester sansadministrateur..... Dévouez-vous donc pour quelque temps au bien du pays. Vous le connaissez, et aidé de l'expécience de votre père, vous marcherez d'un pas sûr et ferme. Vous ne serez point subordonné, puisque M. d'Arros (le préfet) reste à Paris.

« Excusez-moi si je vous parle avec tant de chaleur ; si mes reproches ont quelque chose d'amer, excusez-moi mille fois ; mais pensez qu'il faut se dévouer. »

Félix Gillon mit dans sa résistance autant d'obstination que d'autres en mettaient à se produire. Il ne revint pas sur sa détermination, et M. P. Gillon fut nommé secrétaire général à sa place.

Piqué au vif, le gouvernement tenait à s'attacher un homme de cette valeur, et M. Félix Gillon fut nommé, sans qu'il l'eût demandé, juge d'instruction près le tribunal civil de Bar-le-Duc. Son installation eut lieu en cette qualité le 15 octobre 1830 ; mais il démissionna le 6 octobre 1831, et redevint encore une fois *pauvre avocat*.

Dès le 30 septembre, M. Cordier lui écrivait :

« J'espère que si vous êtes assez peu sage pour quitter *votre maître*, il ne sera pas, lui, assez sot pour laisser partir un si bon serviteur. Cela signifie : j'espère que votre démission ne sera pas acceptée. Si les bons s'en vont, que voulez-vous donc qu'il reste? »

Et le 18 octobre :

« Tout bien considéré, mon cher Gillon, je suis enchanté que vous ayez donné votre démission. Juge d'instruction à Bar, c'est un cul de basse fosse : vous n'êtes pas homme à être placé si bas. Restez donc libre et indépendant : le bonheur de jouir de soi-même en vaut bien un autre. »

IV

L'HOMME POLITIQUE

Sans être un homme politique dans toute l'acception du mot, Félix Gillon ne se désintéressa jamais des destinées de son pays. C'était son devoir et son droit.

Il naquit à la vie publique sous la Restauration, à cette époque fiévreuse où s'engagea, dans les Chambres et dans la presse, la lutte suprême entre un passé vermoulu et un séduisant avenir qui n'a pas tenu toutes ses promesses. Le patriotisme d'alors a fait place bien des fois depuis à l'ambition et aux convoitises, et pour beaucoup la politique est devenue un métier lucratif.

En 1815, la vieille noblesse revint avec ses préjugés de caste, sans s'inquiéter du chemin parcouru par l'opinion ; elle pesa sur la volonté d'un monarque qui eût voulu être libéral, s'empara de la haute administration, et conduisit la branche aînée à l'abîme. Le clergé, à qui manquait un Léon XIII, ne crut pas possible l'alliance si naturelle de la religion avec cette sage liberté qui est l'essence même de l'Évangile. En un mot, ceux qui n'avaient, dans leur exil, *rien oublié ni rien appris*, tentèrent d'enrayer la marche en avant au lieu de la diriger, et succombèrent dans cette lutte irréfléchie.

« Le jeune avocat mit au service des *idées libérales*, comme on disait alors, toutes les facultés de son esprit, sans jamais se départir de la modération qui était, avec la sûreté et la rapidité du coup d'œil, le trait caractéristique de sa nature. C'est ainsi qu'il coupa court, par une parole sensée, aux difficultés que soulevait l'installation définitive, à la ville haute de Bar (1), d'un couvent de Dominicaines enseignantes. « Nous n'avons point » dit il en plein Conseil municipal où dominaient les idées voltairiennes, « reconquis la liberté pour la « supprimer. Rien ne vous oblige à confier vos filles à « ces nouvelles maîtresses. Vous les jugerez aux preuves « qu'elles vous donneront de leur savoir et de leur « dévouement. En attendant, laissez-les s'établir parmi « nous en se conformant aux prescriptions de la loi. » Ses collègues durent s'incliner devant un si noble langage. Seuls, des hommes de la valeur et de l'autorité de M. Félix Gillon peuvent, aux heures de troubles et d'oubli des vrais principes, faire prévaloir les droits de la justice et du bon sens (2). »

En 1827, le département de la Meuse ne possédait qu'un journal, intéressant mais assez incolore, le *Narrateur*, fondé, rédigé et imprimé à Commercy par l'excellent M. Denis (3). Les libéraux de Bar sentirent le besoin d'un nouvel organe où ils pourraient élever la voix contre les abus et exposer leurs théories. MM. Félix et Paulin Gillon, Lombard, avocats, et quelques autres,

(1) Rue des Grangettes, à l'extrémité de la rue du Tribel, dans la maison de Mlle Vayeur.

(2) M. Chabaux, professeur honoraire de philosophie à l'Université de Grenoble ; lettre du 22 juillet 1898.

(3) C. F. Denis, publiciste et antiquaire, né et mort à Commercy, 1762-1853.

jetèrent les bases d'une feuille politique représentant l'opinion avancée, c'est à dire l'opposition. Sur les observations de son père, Félix Gillon se sépara de ses collègues, et s'en expliqua dans la lettre qui suit, datée du 6 décembre 1828.

« Messieurs,

« Dans les diverses conférences que nous avons eues ensemble à l'occasion des listes électorales, nous avons tous reconnu combien un journal qui s'imprimerait à Bar pourrait être utile. Nous étions donc tous tombés d'accord d'en publier un, et vous avez bien voulu me compter au nombre de ses rédacteurs. J'ai accepté cette mission avec défiance de moi même et pourtant avec satisfaction. Il me semblait que nous continuerions à servir le pays comme nous avons commencé lors de la confection des listes du jury ; et dans un siècle où l'on ne se presse généralement pas à se mettre en avant pour la défense des droits de tous, il me paraissait que c'est donner quelque intérêt et quelque prix à sa vie que de la consacrer au bien être et à l'avantage de ses concitoyens.

« Mais au moment, Messieurs, de m'associer à votre entreprise, j'ai dû demander l'assentiment de personnes auxquelles rien de ce qui me touche ne fut jamais étranger. Ces personnes n'ont point approuvé ma détermination de prendre part à vos travaux. Elles ont vu pour moi des inconvénients et des périls là où je ne puis encore en découvrir aucun, et je crains bien que leur affection trop vive ne se soit méprise sur des résultats qu'une raison plus calme saurait admettre. Que devais je faire, Messieurs ? Suivre mes idées sans égard pour leurs conseils, ou céder devant des objections que je crois sans fondement ? De ces deux partis extrêmes, je ne sais lequel vaut mieux, mais c'est au dernier que, par déférence, je me suis arrêté.

« Il m'a été difficile, Messieurs, je l'avouerai, de me décider à renoncer aux conférences qui jusqu'ici m'ont été si agréables, d'y renoncer au moment où des travaux plus suivis allaient resserrer ces relations d'amitié et de confraternité qui me sont si chères. Et pourtant j'ai dû les sacrifier à des désirs qui, pour être exprimés avec retenue, n'en sont pas moins pour moi des ordres. Je n'ai pas voulu introduire un germe de désaccord où exista toujours la plus douce union. J'ai respecté la paix du sanctuaire de la vie privée, le seul asile peut être où se puissent rencontrer le bonheur et la tranquillité.

« Vous êtes maîtres de me blâmer, Messieurs, d'accuser ma faiblesse, de faire mépris de ma condescendance, de m'appliquer l'odieuse épithète de transfuge. Ce sont accusations auxquelles je ne répondrai point. Pour le faire, il me faudrait inculper ce qui tient la première place dans mon respect comme dans mon attachement. Mais de cette sorte de solitude à laquelle je me condamne, je n'en prendrai pas moins un vif intérêt à vos succès, et je me trouverai heureux si vous voulez m'inscrire sur vos listes comme le premier de vos souscripteurs. Inutile de vous dire que cette explication doit rester entre nous : ce sont affaires de famille, et les étrangers n'ont rien à y voir.

« Agréez, etc. »

Cette résolution a peut-être privé la Meuse d'un excellent député.

Après de longs pourparlers, MM. Paulin Gillon, Volland (1) et Lombard s'associèrent pour fonder et

(1) Avocat à Bar-le-Duc, puis à Nancy, et ensuite conseiller à la Cour de cette ville.

publier à Bar-le-Duc une feuille politique, de commerce, d'agriculture et d'annonces, sous le nom de *Journal de la Meuse*. Dans l'acte d'association, les mots *de littérature* sont effacés. Le prospectus parut le 15 décembre 1829, et le premier numéro du journal le 6 janvier suivant.

Dès le 18 décembre, M. Henri Étienne, qui s'intéressait au sort du nouvel organe, écrivait aux fondateurs par l'intermédiaire de M. Félix Gillon :

« .....Je désirerais bien que vous pussiez vous arranger avec le *Narrateur de la Meuse*. Ce journal ne serait pas vendu cher à ce que je crois, et vous auriez tout de suite un nombre d'abonnés assez grand pour vous donner des bénéfices..... Le département de la Meuse recevrait aussitôt une impulsion uniforme, ce qui est désirable ; les incorrigibles pourraient s'emparer, en l'achetant eux-mêmes, d'une publicité qui produirait un mauvais effet en divisant les esprits peu éclairés, encore nombreux dans le département. »

Ce conseil ne fut pas suivi. M. Choppin acquit le *Narrateur*, dont le dernier numéro est du 30 juin 1830, et fit paraître l'*Écho de l'Est*.

Grâce au talant des rédacteurs, à qui Félix Gillon, tout en collaborant au *Globe*, à la *Gazette des Tribunaux*, et au *Journal des Prisons*, prêta au besoin sa plume anonyme, le nouveau journal reçut partout bon accueil, même à Paris, où on le considéra comme l'un des mieux écrits de la province.

Et quoiqu'il sût que son ami F. Gillon n'appartenait pas au cénacle, M. Cordier, organe de la colonie meusienne de Paris, lui signalait les imperfections d'une feuille à laquelle, avec une ardeur toute juvénile, il prêtait son concours le plus dévoué.

« Quelques articles, écrit il, trahissent une plume d'avocat : les faits y sont enveloppés dans trop de détails ; — l'article sur les modes a été peu goûté ; — on désirerait plus de force dans la dénonciation des abus ; etc. (6 février 1829).

« On trouve qu'il y a trop peu de faits, de nouvelles ; on trouve que vous faites des articles de raisonnement trop longs et trop fréquemment répétés.

« Vous le voyez, mon ami, c'est moi qui me charge de la partie odieuse. Je me fais l'écho des critiques. Vous m'avez demandé que je vous dise ce que j'entends répéter, afin que le *Journal de la Meuse* acquière toute la perfection désirable. Vous verrez si vous devez communiquer à ces Messieurs mes observations, et leur dire d'où elles viennent. Je m'en rapporte à vous pour cela » (6 mai 1829).

M. Félix Gillon vit sans enthousiasme l'avènement du roi citoyen ; il savait, l'histoire le lui avait appris, que l'émeute peut renverser quand il lui plait son idole, et qu'un monarque, arrivé au pouvoir dans ces conditions, ne saurait s'y maintenir qu'en sacrifiant sa volonté propre au parti qui l'y a porté. Il en fut de même pour le second Empire. Il se tint, sous ces gouvernements, à l'écart de toute politique militante, déplora leurs fautes, prévit leur décadence et leur chute, et fut heureux de ne pas assister aux désastres de 1870, qui l'eussent profondément contristé.

Une circonstance particulière le fit sortir de son mutisme. Le jeune Millon (1), orphelin, qui lui avait dédié

(1) MILLON (Claude), né à Bar-le-Duc le 13 octobre 1828, avocat, ancien député de la Meuse de 1860 à 1870, ancien maire de Bar, ancien président de la Société d'agriculture de l'arrondissement de Bar, de la Société de secours mutuels de cette ville et de la Société des

sa thèse, et sur qui le Président avait reporté toute l'affection qu'il éprouvait pour le père, fut élu député de la Meuse en 1860, à peine âgé de trente-deux ans. M. Gillon, qui l'aimait comme son fils, ne lui ménagea pas alors les conseils, et l'on peut dire que M. Millon en tint grand cas. Nous allons donner, sans commentaire, quelques extraits des lettres très intéressantes que le Président lui écrivit de 1860 à 1870.

18 Février 1862. — « Le gouvernement de l'Empereur est le gouvernement de la masse, du populaire. Et tout ce qui a la prétention de sortir du populaire, tout ce qui veut s'en distinguer, se mettre au dessus, trouve de bon goût de blâmer le gouvernement. Le Conseil privé, qui a la fibre populaire, ne partage pas ces préventions; et nos ouvriers, qui certainement souffrent, qui, en d'autres temps, se seraient plaints du gouvernement et l'auraient accusé de leurs souffrances, ne disent rien de pareil aujourd'hui. Ils savent bien que si le gouvernement le pouvait, il leur procurerait du travail et du bien-être. Le mal est que les *messieurs* parlent, parlent haut, et que cette masse ne parle pas. Ceux qu'on entend font illusion sur leur nombre, et personne ne leur répond. »

13 Mars 1862. — « J'aime assez le ministre Billaut qui veut laisser à la Providence le soin de résoudre la *question romaine*. Pourquoi ne la charge-t-il pas aussi de mettre de l'ordre et de l'économie dans nos finances ? »

Instituteurs de la Meuse, officier de la Légion d'honneur et de l'Instruction publique, membre du Conseil général de la Meuse, fondateur et directeur de l'École pratique d'agriculture des Merchines, où il est décédé le 21 juillet 1888.

10 Mai 1862. — « Je n'ai pas été du tout satisfait de la dernière séance du Sénat sur la pétition de l'évêque de Rennes. — Voilà que, par des subtilités, on retire aux conseils municipaux un droit qu'ils avaient certainement et qui ne pouvait dégénérer en abus. C'est ce que fait notre Préfet quand il fixe le prix de la tâche. Et puis, ce qu'a dit M. Billault est d'un très mauvais esprit. Cela peut se résumer ainsi : « Il nous faut le pouvoir, « nous le prenons. Nous sommes certainement plus « sages que les conseils municipaux, et le Sénat ne « voudra pas affaiblir la main qui nous protège. » Voilà de quoi justifier tous les abus d'autorité des Préfets, qui ne s'en font pas faute. J'ai la faiblesse de croire que le gouvernement serait bien plus fort s'ils ne s'inspiraient que de la justice, sans considérer si c'est un Préfet ou un Évêque qui a tort. M. Troplong (ministre de la justice) me paraît bien avoir un peu oublié ce jour là les saines traditions de la magistrature. »

24 Mai 1862. — « Tu sais que personne plus que moi ne désire les économies. Et pourtant la résolution de votre commission du budget, son rejet de tous les nouveaux impôts, ne m'agrée pas. En politique, les transactions valent mieux que les victoires. Et puis cette résolution m'inquiète comme symptôme. Il y a deux ans, un an peut être, la Chambre aurait tout voté ; cette année, les élections approchent, l'opinion de Paris et de ceux qui parlent ou écrivent pousse les députés, il n'est plus de bon goût d'être d'accord avec le gouvernement, et l'on se jette de l'autre côté...

« Il y a dix ans, la société effrayée abdiqua. Elle ne demandait qu'une épée pour la défendre. Aujourd'hui elle rit de sa peur passée et briserait volontiers l'épée. L'opposition va venir, chose curieuse, des grands pouvoirs publics, de ceux auxquels on a fait des concessions chaque année. Oh ! que j'aimerais bien mieux que l'accord régnât dans cette sphère élevée, et qu'il y eût quelque mouvement et quelque vie dans nos départements ; qu'on refrénât nos préfets, qu'on rappelât aux maires la modération, la vigilance impartiale aux gardes, la justice à tous. Il faudrait qu'on rayât ce mot fatal : « L'autorité ne saurait avoir tort. » Et quand le gouvernement donnerait raison aux populations quand elles l'ont en effet ; quand il destituerait des préfets et sous-préfets insuffisants, des tyranneaux de maires et de gardes, est ce que la société en serait troublée ? On bénirait sa justice et voilà tout. Qu'on fasse des choix excellents ; que le dernier agent fiscal ou administratif, un agent voyer, un conducteur ne soient pas des souverains ; le gouvernement y gagnera et le pays aussi ; il gagnera surtout à ce que la justice reste ou redevienne purement la justice et ne prenne pas les allures de l'administration. Tout cela peut se faire sans trouble... »

18 Octobre 1863. — « Je vois que tous les journaux et revues poussent à la guerre, et moi je te demande de t'opposer de toutes tes forces à ce qu'on aille en Pologne et de nous faire revenir le plus tôt possible du Mexique. Est-ce que l'Empereur ne voit pas que ces guerres et ces expéditions sont et seraient la joie des ennemis de son gouvernement et de sa dynastie ? Ils y poussent, ils y applaudissent comme à des précurseurs d'une ruine !

25 Mars 1865. — « Je viens de lire dans l'*Echo*, à mon grand étonnement, l'amendement proposé par toi et trois de tes collègues. On m'en avait parlé, mais je n'y croyais pas. Je ne croyais pas qu'il y eût personne dans le parti conservateur qui pût penser que le suffrage universel n'avait pas un pouvoir assez étendu, et qu'après lui avoir livré l'élection des députés, des membres des

Conseils généraux et municipaux, il serait bon pour le pays de lui donner l'élection indirecte des maires. Je vois avec autant de peine que de surprise que je me suis trompé, et ce qui m'afflige le plus encore, c'est de te voir un des promoteurs d'une mesure qui ne me semblait avoir chance de plaire qu'à l'opposition la plus démesurée. »

8 Juin 1865. — « Je trouve que tu es un peu trop maire (1), ce qui fait peut être que tu n'es pas assez député. On doit bien voir à Paris que ce qui t'occupe plus particulièrement, c'est ta ville et son administration. Comment m'expliquerais je autrement que la Chambre, qui te nommait invariablement l'an dernier secrétaire d'un bureau et souvent membre de commissions, semble t'oublier si fort cette année ?... Je veux bien que tu ne te prêtes pas à ces molles complaisances qui vous font bien venir, ou d'un parti, ou d'un bureau. Je ne te demande d'être ni facile, ni flatteur, mais de te donner tout entier aux travaux de la Chambre, et de laisser dormir les affaires de mairie pendant que tu es à Paris. H. m'a dit à la vérité que tu comptes parler dans l'affaire des travaux de Paris : ce n'est pas ce que j'eusse désiré pour toi. Pourquoi ne pas parler dans les questions d'agriculture que tu sais admirablement, et te tenir coi dans ces questions vagues et générales où chacun se croit compétent ? Au fond, il faut toujours en revenir aux gens solides et aux spécialistes. »

Dans une lettre du 7 mars 1863, M. Gillon avait déjà exprimé le même désir à M. Millon :

« Je ne vois pas au *Moniteur* quand passera la loi sur la 5e Chambre. Je m'effraye à l'idée de te voir prendre la

---

(1) M. Millon était en même temps député et maire de Bar-le-Duc. Il avait pour adjoints MM. Émile Mayeur et Edmond Develle, aujourd'hui sénateur.

parole sur une matière dont tu ne connais pas à fond les détails...... Un avocat de Cour impériale rompu au métier peut t'embarrasser d'un mot, à moins que tu ne te tiennes dans les généralités ; mais dans une question d'affaire, se tenir dans les généralités c'est battre l'eau et courir le risque de trouver inattentive une Chambre qui ne sait écouter patiemment personne. Oh ! que j'aimerais mieux te voir t'engager dans une question d'agriculture ou d'administration municipale que tu as traitées, étudiées, et que tu connais à fond ! »

16 Juin 1866. — Je m'occupe très peu de politique et la plupart du temps je ne lis plus le *Moniteur* ni les débats de la Chambre..... Je rêvais l'Empire comme il s'était annoncé lui même, rassurant les bons, contenant les méchants, et finissant par une liberté sage, couronnement de l'édifice. Est ce cela que nous avons ?.....

« Je fais donc bien de ne plus penser à la politique. Au dehors, c'est la force, rien que la force ; au dedans, c'est la force encore, qui s'appelle ici l'autorité. Est ce qu'il y a un maire, un préfet, un agent voyer, un agent quel qu'il soit de l'administration, je dirais presque un procureur impérial, qui se soucie du droit et de la justice ? Je ne cesse de citer des faits où le caprice de l'autorité est la seule règle, et l'on me rit au nez en me disant : « C'est un détail. » C'est de ces détails que se compose la vie d'un peuple ; c'est par là qu'il aime ou qu'il hait son gouvernement.

« L'Empereur n'est pas immortel. Que fait-il pour rallier les esprits à son fils ? Quand on aura trop serré les freins ils casseront ; on les serre de plus en plus et ils crient. On le fait quelquefois en ajoutant des phrases caressantes, qui sont des phrases, des promesses, des regrets, jamais de vérités.

« Et où est-elle, la vérité ? Est ce dans le suffrage

universel ? Est il une vérité ? Et vous, au Corps légis latif, vous préoccupez vous de la vérité ? Et les jour naux, peuvent ils la dire ? Et la France la sait elle ? Or, je ne crois, dans le gouvernement des hommes, qu'à deux divinités : la justice et la vérité.

« Tu as voulu savoir ma politique : la voilà, je te la donne pour ce qu'elle vaut, politique de village, *politique à quatre sous*. Je retourne à mes bouquins. »

29 Mai 1867. — « Je ne te parlerai pas de la Cham bre. J'écrivais il y a quelques jours à M. que je n'en connaissais pas de plus impuissante et de plus inca pable. Je crains, si cela continue, que tout le poids du mécontentement public ne retombe sur elle ; et pour avoir trop bien voulu se ménager leurs sièges, tes col lègues pourraient bien les perdre à la prochaine élec tion générale. »

21 Juin 1867. — « Ce qui me semble nécessaire, c'est de mettre fin au suffrage universel, arme dange reuse en quelques mains qu'elle soit, pouvoir ou déma gogie. Tout le monde en convient en particulier, et publiquement tout le monde loue le suffrage universel, s'en fait un argument et un appui. Ce monstrueux men songe corrompt tout.

20 Juillet 1867. — « La situation où tu te trouves, toi et ceux de tes collègues qui partagent tes sentiments, me paraît bien difficile. Il me semble qu'il y a quelque simplicité à croire qu'il ne s'agit, comme disent les journaux, que d'une crise ministérielle. Il s'agit de plus que cela, d'une évolution, pour ne pas dire une *révolu tion*. Qui va avoir le gouvernement du pays ? L'Empe- reur ou le pays lui même ? Tout ce que nous voyons jusqu'ici n'est pas bien clair. Ce sont de part et d'autre des tâtonnements, des indécisions. Faire un pas en avant, puis un en arrière, ce n'est pas marcher. Il semble que personne n'ait de système positivement arrêté et limité. Tu dis que les hommes manquent ; mais qu'ils manquent ou non, l'opinion ne marche pas moins ; elle demande satisfaction, et je crains que si l'on tarde elle ne s'égare et ne demande l'impossible. Le retard me paraît gros de dangers. »

Enfin dans une lettre sans date, M. Gillon émet des idées d'une grande justesse.

« Que gagne le gouvernement à entretenir cette tourbe de fonctionnaires médiocres pour qui la religion du devoir est un mot vide de sens ? Les fonctionnaires c'est lui, et la déconsidération qui s'attache à eux retombe sur lui. Les négligences qu'ils apportent à veiller à la sauvegarde des intérêts privés ne profitent pas au gouvernement et on les lui impute. Quel est son intérêt, et quel serait son avantage ?

« Il devrait bien payer, bien choisir et demander beaucoup de travail. Des traitements convenables lui permettront de faire de bons choix et il pourra exiger d'hommes d'élite du travail, du dévouement, et une pensée constamment consacrés à son service. Ce ne seront plus des machines qu'il emploiera, mais des cœurs et des intelligences. Il y aura à éviter la faveur, les sollicitations, mais cela n'est pas si difficile quand on le veut bien, et d'ailleurs le fonctionnaire incapable, pliant sous le fardeau, serait bientôt reconnu et évincé. »

Gardons-nous d'induire de ces extraits que M. Millon subissait la loi de son vieil ami quelquefois sévère : d'un caractère indépendant, et malgré toute la déférence qu'il lui témoignait, il eût difficilement accepté cette sorte de contrôle ; mais peut être dut il aux conseils que le Président ne lui ménagea pas, un peu du crédit que lui accordait la Chambre, et du rang honorable qu'il occupa parmi les meilleurs députés qu'y ait envoyés le département de la Meuse. M. Millon ne fut point ingrat et toute sa vie il s'honora d'avoir été, alors comme toujours, « l'élève et le disciple respectueux du maître si plein de vertus, de mérites, qu'il vénérait et qu'il admirait » (1).

(1) Lettre de Mme Millon, 13 septembre 1898.

V

LE MAGISTRAT

Le talent, le zèle, la sagacité dont M. Félix Gillon fit preuve dans ses fonctions passagères de juge d'instruction près du tribunal de Bar donnèrent la vraie mesure de sa valeur, et inspirèrent à M. Cleret, président du même tribunal, une confiance qui lui valut de le remplacer, quand il fut nommé conseiller. A la Cour de Nancy comme dans les régions gouvernementales, on saisit l'occasion propice pour utiliser, au profit de son pays, un homme dont chacun proclamait la science juridique et l'intégrité. Le vœu le plus cher de M. Gillon allait être enfin comblé : occuper dans sa ville natale, à la fleur de l'âge et près des siens, un poste honorable qui lui permît de déployer, au profit de tous, les qualités de son esprit et de son cœur. Le poste était modeste sans doute, mais il suffisait à satisfaire son amour propre et sa modeste ambition. Aussi, loin de repousser, comme de coutume, les avances qui lui furent faites alors, il s'y prêta de fort bonne grâce. C'est ainsi qu'il écrivait, le 28 septembre 1833, à M. Fabvier père, procureur général près de la Cour royale de Nancy :

« En m'annonçant sa nomination à la place de conseiller à Nancy, M. Cleret me demandait si je consenti rais à le remplacer. Personnellement, je me croyais peu digne de cet honneur, et je comptais continuer ma profession d'avocat. Les conseils de mes amis, les instances de ma famille m'ont fait changer de détermination, et j'ai répondu à M. Cleret et à M. le général Jacqueminot (1), qui m'a toujours témoigné quelque intérêt, que je n'avais jamais songé à la présidence, mais que si j'y étais nommé, j'accepterais. On m'apprend aujourd'hui que le Ministre exige de moi une double demande qui soit adressée à vous et à M. le premier Président. Je viens d'écrire à ce dernier, mais inconnu de lui, je me borne à lui exposer que je désire qu'il me présente au choix du Ministre.

« Mais avec vous, Monsieur, qui m'avez donné tant de marques d'une bienveillance qui m'est honorable et chère, me sera-t-il permis d'entrer dans plus de détails ? Lorsqu'il y a deux ans, je donnai ma démission des fonctions de juge d'instruction, je ne vous cachai pas que, quelque humble que soit ma position sociale, j'avais parfois osé porter ma pensée vers les intérêts généraux du pays ; que combattant les doctrines et la marche du ministère, je me rapprochais de l'opposition par mes opinions et par mes sympathies. Ce qui existait alors existe encore aujourd'hui.

« Tout cela est absolument sans importance tant que je suis simple citoyen, et je n'ai pas la folle prétention de croire que mon opinion doive être comptée. Mais au moment où le choix du gouvernement peut se fixer sur moi, je serais coupable si je tenais cette opinion secrète.

---

(1) Le vicomte JACQUEMINOT (Jean-François), général de division, grand'croix de la Légion d'honneur, pair de France, né à Nancy le 23 mars 1787, décédé le 3 mars 1865, et inhumé à Meudon (Seine-et-Oise). En 1827, le département des Vosges l'élut député.

« Ces explications m'ont donc paru nécessaires pour que vous fussiez à même de juger si vous devez me désigner au choix du Ministre. Et quelle que soit votre détermination, elle n'altérera, Monsieur le Procureur général, ni la reconnaissance que je vous ai vouée, ni mon sincère et respectueux dévouement. »

M. Fabvier lui répond le 1er octobre :

« Monsieur, je vous remercie de votre digne et excellente lettre, et de l'occasion qu'elle m'offre de satisfaire un vœu dont j'étais vivement préoccupé sans me croire permis de le faire connaître.

« .... J'envoie, par le courrier qui vous remettra ceci, une présentation qui vous désigne en premier ordre pour la place dont vous saurez si bien remplir les devoirs.

« Votre opposition unie à votre caractère, Monsieur, n'a rien qui m'inquiète, et tout comptable que je me crois de mes actes, je place déjà la présentation que je viens de faire au nombre de mes plus honorables et de mes plus chers souvenirs.

« Veuillez croire, Monsieur, à la sincère assurance de ma haute estime et de mes sentiments dévoués. »

La nomination ne se fit guère attendre, car le 10 du même mois, le général Jacqueminot félicite en termes d'une rare délicatesse le nouveau président :

« Mon cher Gillon,

« Hier, au moment de mon arrivée de la campagne, une estafette de M. le Garde des sceaux est venu m'annoncer que, par ordonnance du même jour, le Roi vous a nommé à la présidence du tribunal de Bar.

« L'heure avancée ne m'ayant pas permis de vous en adresser dès hier mes bien sincères félicitations, je suis vraiment heureux d'avoir pu contribuer à faire décider, pour ce pays si digne d'intérêt et que j'aime, une chose dont il doit recueillir de bien précieux avantages. Cette bonne action, vous m'avez aidé à la faire, mon cher Gillon, en acceptant les fonctions que Sa Majesté vient de vous confier. Recevez en donc mes vifs remerciements, et veuillez y joindre la nouvelle expression de tous mes sentiments les plus dévoués. »

Sans tarder, M. Gillon remercie l'excellent M. Cleret et M. le Procureur général. Voici ce qu'il écrit à ce dernier le 12 octobre :

« Monsieur le Procureur général,

« Je ne saurais vous dire combien j'ai été profondément touché de la lettre que vous m'avez écrite en réponse à la mienne. Une si affectueuse bonté, un témoignage si marqué de votre estime pénètrent mon cœur de la plus vive reconnaissance. Comment une candidature placée sous un tel patronage et si chaudement appuyée eût-elle pu échouer ? Aussi, je reçois aujourd'hui de M. le général Jacqueminot la nouvelle que, par ordonnance du 9 de ce mois, le Roi m'a nommé président du tribunal de Bar.

« J'espère être assez heureux, Monsieur le Procureur général, pour pouvoir, au jour de ma prestation de serment, vous présenter moi-même mes vifs remercîments de l'appui que vous m'avez prêté avec tant de bienveillance. Mais je ne pouvais attendre jusque là pour vous annoncer le succès que vos bonnes recommandations avaient assuré. J'éprouvais aussi le besoin de vous témoigner ma gratitude qui sera inépuisable comme vos bontés.

« J'ai l'honneur, etc. »

Il n'oublie pas M. le général Jacqueminot dans la première effusion de sa gratitude, et le même jour il le remercie en ces termes :

« Monsieur le Général,

« Quel qu'eût été le résultat des démarches que vous avez bien voulu faire pour moi, ma reconnaissance n'eût été ni moins vive ni moins sincère. C'est vous en effet qui m'avez jugé digné d'occuper le siège que M. Cleret laissait vacant ; c'est vous qui m'avez présenté au choix du Ministre, et qui avez appuyé cette présentation de l'autorité de votre crédit, et de cette chaleur d'affection que vous gardez à vos compatriotes. Le reste était laissé à la fortune, et la fortune nous a été favorable. Vos pressantes instances, vos recommandations réitérées ont assuré le succès à une candidature qui me flattait, surtout parce qu'elle était pour moi un témoignage marqué de votre estime.

« Recevez donc, Monsieur le Général, mes remercîments les plus empressés. Agréez aussi ceux de ma famille qui gardera précieusement, ainsi que moi, le souvenir de si généreux procédés et d'une bienveillance si active et si délicate.

« J'ai l'honneur d'être, etc. »

Nous eussions pu, pour abréger, nous borner à donner la substance des lettres qui précèdent, mais il nous a paru bon d'en transcrire le texte intégral pour montrer quelle aménité, quelle délicatesse de sentiments se révélaient à cette époque dans la correspondance, depuis si relâchée et si sèchement polie. C'était un reflet des bonnes et fortes études classiques, moins en honneur aujourd'hui, qui élèvent l'âme, épurent les sentiments et grandissent les hommes.

Si quelque cause retentissante ne mit pas en relief, chez Félix Gillon, les grandes qualités de l'avocat et du magistrat, il conquit vite, ce qui vaut mieux, la confiance entière de ses concitoyens dans la sphère où il se mouvait. A ses yeux, il exerçait un véritable sacerdoce civil, et toujours plein de déférence pour ses chefs hiérarchiques, il n'hésitait pas, au besoin, à leur parler avec une rude franchise qui n'était point sans péril.

Nous en donnons quelques exemples.

Une lettre calomnieuse avait été adressée à Paris contre M. Vaaché, juge au tribunal de Bar, et il était question de lui imposer une *honorable retraite*. Consulté à ce sujet par M. le Président de la Cour royale le 29 octobre 1838, M. F. Gillon, après avoir affirmé que l'âge de M. Vaaché n'avait nullement altéré ses facultés ni refroidi son zèle, continue comme il suit :

« Je n'en dirai pas plus, Monsieur le Président ; je craindrais, ou de ne pas trouver de termes assez énergiques pour flétrir la dénonciation calomnieuse envoyée à M. le Garde des sceaux, ou de me laisser emporter au ressentiment d'une trop juste indignation. N'est il pas triste après tout de voir, sur quelque rapport mensonger, sur des insinuations peut être intéressées, ordonner une enquête sur l'état d'un respectable vieillard qui, depuis plus de cinquante ans, remplit des fonctions publiques loyalement, consciencieusement, avec autant d'intégrité que de régularité ? Devait il attendre une telle récompense pour ses longs et dévoués services ? »

Un sieur L. ayant dénoncé l'honorable M. Géminel, juge de paix du canton de Triaucourt, M. le Procureur général de Nancy invita M. le Procureur du Roi de Bar à se concerter avec le Président pour lui fournir, à cet égard, les éléments d'un rapport qu'il voulait adresser à M. le Garde des sceaux. Dans une lettre du 20 janvier 1839, M. Gillon donne au Procureur du Roi son opinion sur M. Géminel et conclut ainsi :

« .....Ce que l'on fait pour les juges de paix, on le fait aussi sans doute pour nous et à notre insu. Il est fort probable que les *honnêtes gens* que vous poursuivez ou les *braves citoyens* que je condamne ne manquent pas tous du courage nécessaire pour nous dénoncer. Là-dessus sans doute on fait des enquêtes aussi secrètes que possible, et nous sommes accusés et jugés sans le savoir et sans être entendus.

« Trouveriez vous plus simple, Monsieur le Procureur, de proposer à M. le Procureur général une autre marche? Envoyer de suite une copie de toute dénonciation au fonctionnaire dénoncé ; lui demander en même temps des explications promptes et nettes. Toujours et en tous cas, offrir de mettre à sa disposition la dénonciation afin qu'il puisse en poursuivre les auteurs. Avec ce remède et deux ou trois procès bien publics, les prévarications et les dénonciations ne tarderaient pas à devenir également rares. Mais au temps où nous vivons, un tel remède ne serait il pas trop héroïque ? Je vous laisse à en juger. »

Deux présentations successives pour une place de juge suppléant au tribunal de Bar-le-Duc n'ayant pas été agréées, M. le Procureur général de Nancy prie M. Gillon de lui en faire lui-même une troisième. Celui-ci, dans une longue lettre du 20 mars 1839 dont tout serait à citer, fit preuve d'une courageuse indépendance. Cette lettre finit ainsi :

« Tout cela, Monsieur le Procureur général, me fait

peine à penser ; peut être me trouverez vous hardi et téméraire de vous l'avoir dit. De précédentes réclamations adressées par moi en pareille circonstance ont été inutiles aux membres du barreau, et n'ont eu d'autre résultat que de me faire la réputation d'un esprit difficile et d'un caractère intraitable. Comme ma voix est inentendue et vaine, je m'expose donc sans utilité à me nuire également dans votre esprit.

« Je ne le fais point de gaieté de cœur, Monsieur le Procureur général, et si je n'eusse regardé comme un devoir de faire valoir les justes droits du barreau de Bar profondément blessé par deux refus successifs, je me serais renfermé, soyez en sûr, dans le silence le plus absolu. »

Consulté plus tard sur le choix d'un de ses anciens condisciples, excellent homme d'ailleurs, comme juge au tribunal de Bar, M. Gillon, sacrifiant ses sympathies à la justice et au droit, donne un avis défavorable fondé sur l'incompétence et l'indécision de l'impétrant, et termine ainsi sa lettre du 24 décembre 1841, adressée à M. le Procureur général :

« Je déplore l'extrême facilité avec laquelle on admet dans la magistrature tant d'avocats sans cause et de licenciés en droit qui n'ont pas fait leurs preuves. Quoi qu'il puisse m'en coûter, je ne m'associerai point à un système que je crois funeste. Je souffre et je m'inquiète pour l'avenir de l'ordre judiciaire en France, de le voir si facilement accessible à ceux qui n'y recherchent qu'un peu d'occupation qui les sauve de l'ennui, ou qu'une part dans la juste considération qui revient à l'institution. »

Cela est fort juste, mais les Gillon sont bien rares !

Consulté enfin par le Procureur général sur la valeur de l'étude de l'huissier P., le Président répond le 13 décembre 1842 :

« ..... En l'honneur, je ne sais ce que vaut une étude d'huissier, d'avoué ou de notaire.... Si comme juge, j'avais à statuer sur des appréciations de cette nature, je ne déciderais point par moi même. Je nommerais des experts éclairés, désintéressés, impartiaux. Ce seraient eux en réalité qui prononceraient, et la sentence d'homologation ne serait que le sceau de l'autorité publique mis à leur décision. Leur conscience serait engagée et non la mienne.

« D'ailleurs je suis juge pour rendre la justice, et non pour me mêler à des trafics où aucune loi ne me sert de guide et de règle, où tout est arbitraire, où je n'ai rien à gagner qu'à compromettre l'impartialité et, si j'ose me servir de ce mot, la sainteté de mes fonctions. Dans ces fonctions, au surplus, je dois et veux jouir d'une pleine et entière indépendance. »

Répondant à ce refus le 16 suivant, M. Moreau, premier président de la Cour royale de Nancy, termine sa lettre par cette déclaration :

« L'appréciation que nous demandons, le tribunal la fait toujours d'une manière large et consciencieuse. Sa mission ainsi remplie, que son avis soit suivi ou modifié, sa conscience est tranquille, et croyez-le bien, son autorité, le respect qui lui est dû et dont il est entouré n'en reçoivent aucune atteinte. »

Sur cette insistance, le tribunal délibéra et réduisit de 10000 à 9000 fr. le prix de cession de l'étude P... Le ministre l'abaissa de son propre chef à 8000 fr.

Là dessus, M. Gillon écrivit à M. Moreau le 28 janvier suivant :

« Voyez maintenant s'il est bon, s'il est convenable, s'il est digne que le tribunal délibère sur de semblables affaires ! »

La confiance qu'inspiraient les lumières de M. Gillon lui valut d'être pressenti, par le même Procureur général, sur les abus auxquels donnait lieu la perception des droits, émoluments et honoraires des officiers ministériels. Dans une lettre du 31 mars 1852, il répond notamment, avec sa franchise habituelle :

« Ce qui est soumis à la taxe chez MM. les notaires n'est pas la centième, peut être la millième partie de leurs actes. Le reste est donc soumis aux taxations exorbitantes de leur tarif.

« Ils rédigent leurs actes comme ils le veulent ; il n'y a pas là et il ne peut y avoir de contrôle. Pour augmenter leurs émoluments, ils allongent ces actes outre mesure. Quand il y a lieu de rappeler un autre acte, même notarié, ils le transcrivent ou à peu près ; dans une quittance, ils copient presque l'acte ou les actes originaires, et les rôles s'accroissent outre mesure.

« ..... Un autre abus plus grave (chez les avoués) ce sont les actes de conclusions signifiées en cours d'instance. La loi les autorise ; elle fait plus, elle passe en taxe tant de rôles. Eh bien ! ces rôles sont parfaitement inutiles : ils ne servent à rien pour la solution du litige. C'est la plupart du temps un exposé très délayé du fait, appuyé de quelques lambeaux de doctrine ou de jurisprudence, tenant à l'affaire tout juste ce qu'il faut pour ne pas être rejeté de la taxe, mais cela ne sert ni aux plaideurs ni au juge. Ne vaudrait-il pas mieux faire en matière ordinaire comme en matière sommaire et allouer un droit à l'avoué, qui n'aurait plus alors aucun intérêt aux longueurs et aux involutions ruineuses de la procédure ?

« Il faut bien se dire que les frais de notariat et de procédure sont énormes ; que si l'on n'y remédie pas *dès aujourd'hui*, il n'y aura bientôt qu'un cri général, et les notaires et avoués, pour en avoir abusé, verront compromises et peut-être supprimées des charges cependant très utiles.... N'est ce pas au gouvernement à prévenir *dès à présent*, par des mesures sages, les plaintes des populations qui souffrent réellement, en France surtout, et qui, quand elles souffrent, ne se bornent jamais à réformer et vont toujours jusqu'à détruire ? »

Que de temps déjà passé sans que la moindre réforme en ce sens ait été faite !

Bornons là ces extraits instructifs, suffisants pour prouver la fermeté digne, l'indépendance déférente avec laquelle le Président du tribunal remplissait ses fonctions.

Le 4 mai 1844, il fut fait chevalier de la Légion d'honneur.

Pour surveiller de près, à Paris, les études de son fils unique, M. F. Gillon, qui avait conservé les traditions de l'ancienne magistrature française, n'hésita pas à se démettre, le 5 novembre 1857, des fonctions qu'il avait si noblement remplies. Sa démission, qu'il maintint malgré de très pressantes sollicitations, fut acceptée le 9 : il eut pour successeur M. Noël.

Ses compatriotes ne furent pas ingrats. Il fut toujours pour eux LE PRÉSIDENT, titre honorable par lequel le désignent encore, sans rien y ajouter, ceux de ses contemporains qui lui survivent.

Un jour, si l'on en croit une lettre qu'il écrivit de Nancy à sa femme, le 22 octobre 1840, M. Félix Gillon aurait sollicité les fonctions d'avocat général à la Cour de Nancy, où sa place était marquée. Cette velléité d'ambition, qui lui fut suggérée par son père peut être, ne dura guère : il aimait trop Bar et ses vieux parents pour sacrifier, sans profit, à une vaine satisfaction d'amour-propre, ses affections les plus chères.

VI

L'ADMINISTRATEUR

La puissance et la facilité de travail de Félix Gillon étant considérables, lui laissèrent de tout temps des loisirs dont il mit une bonne part au service de ses concitoyens. Sans rechercher ni même désirer les fonctions gratuites, il les accepta comme une obligation et les remplit comme un devoir, y apportant cet esprit d'ordre, cette méthode, cette largeur de vues et cette ponctualité qu'il savait mettre en toutes choses, et qui en firent l'organe toujours écouté des Commissions et des Conseils où il fut appelé à siéger. Ici encore nous laisserons surtout parler les faits.

Par arrêté de M. le Recteur de l'Académie de Nancy du 10 mars 1832, M. Gillon est nommé membre de la Commission de surveillance de l'École normale d'instituteurs de la Meuse, Commission qu'il fut appelé à présider le 28 janvier 1843. L'École normale avait alors pour directeur l'un de ses amis, M. Thirion (1), qui, le

(1) THIRION (Achille-Dominique), ingénieur civil, officier de l'Instruction publique, chevalier de la Légion d'honneur, né à Ligny (Meuse) en 1800, décédé à Commercy directeur de l'École normale le 11 octobre 1863, laissant au cœur de ses nombreux élèves, auxquels nous nous honorons d'appartenir, la plus profonde vénération.

20 septembre 1845, lui écrivit de Saarbruck la lettre qui suit. Cette lettre n'a d'autre importance que de mettre en relief un des côtés du caractère de l'excellent et jeune directeur.

« Monsieur le Président,

« Ne penses tu pas avec moi qu'il est bien inutile de faire gagner ou plutôt de faire perdre aux laborieux élèves de l'École normale cette prolongation de huit jours (de vacances) que le duc de Montpensier (1) s'est amusé à demander au Ministre, et que l'Excellence s'est empressée d'accorder à l'Altesse royale ? Ces galanteries princières sont peu goûtées, peu comprises, sur les derniers bancs de l'Université où nous sommes assis, et pourraient peut être y être mal interprétées par des jeunes gens qui viennent dépenser près de nous, à la hâte, beaucoup d'argent pour se faire un sort. Étranges largesses, en effet, faites aux dépens de ceux à qui l'on semble les accorder si généreusement ! J'y ai toujours fort mal répondu, malgré tout mon patriotisme. Ainsi, au dernier carnaval, le Recteur, je ne sais plus à quel propos, nous avait autorisés à vider l'École normale pour huit jours ; nous n'en avons rien fait et le Recteur a approuvé. »

De 1840 à 1854, année où l'École normale fut transportée de Bar à Commercy, M. F. Gillon fit aux élèves-maîtres un cours de droit administratif en ce qui concerne l'état civil.

En 1832, Bar-le Duc était encore privé de bibliothèque publique ; M. Gillon entreprit de l'en doter.

Vouloir, chez lui, c'était pouvoir. Il mûrit cette idée,

(1) L'un des fils de Louis-Philippe.

l'exposa avec conviction, suscita des dons en livres et en numéraire, ouvrit une liste de souscription, et le 1er décembre 1832, *cent vingt deux* souscripteurs, dont quatre-vingt onze fondateurs, jetaient et signaient les bases de la bibliothèque souscriptionnelle, qui fut ouverte aux souscripteurs seulement, dont nombre d'ouvriers et de contre-maîtres, le 1er janvier suivant, avec 1844 volumes. Citons parmi les fondateurs : MM. le comte *d'Arros*, préfet de la Meuse, — *Mayeur*, maire, — *Bouillard*, ancien maire, — *Prieur de la Comble*, directeur des contributions directes, — *Paulin Gillon*, — *Marmod*, — *Collin* aîné, — le docteur *Champion*, — *Herbillon*, filateur, — *A. Thirion*, — *Henriot-Ducoudray*, — *Cleret*, président du tribunal civil, — duc *de Reggio*, — *Lacretelle*, receveur de l'enregistrement, — *A. Buffault*, receveur général, — *Félix Gillon*, avocat, etc.

Aux termes du règlement, les ouvrages admis dans la bibliothèque devaient comprendre les meilleurs écrits de littérature, de morale et d'économie publique, les traités élémentaires des sciences, arts et métiers, et, autant que possible, les ouvrages pratiques sur les différentes industries propres au pays. Tout journal politique en fut rigoureusement exclus.

L'administration de la bibliothèque et le choix des livres furent confiés à une Commission de cinq membres, dont trois au moins devaient être pris parmi les fondateurs. Les pouvoirs de cette Commission expiraient chaque année le second dimanche de janvier, et étaient délégués par les souscripteurs à la majorité des suffrages.

M. F. Gillon en fit toujours partie et la présida constamment avec le titre de Conservateur.

En 1872, la bibliothèque souscriptionnelle, remise à la ville, fut le noyau de la bibliothèque publique actuelle

« Cette bibliothèque porte l'empreinte de l'amour des lettres de celui qui en fut pendant de longues années l'intelligent tuteur. Un goût sûr présidait au choix des ouvrages qu'il a réunis, et qui forment un fonds littéraire que nombre de villes pourraient nous envier (1). »

Il ne suffit pas à M. F. Gillon d'avoir doté Bar d'un établissement précieux très propre à soustraire les ouvriers aux dangers du désœuvrement : il s'imposa, autant qu'il le put, la tâche de distribuer et de faire rentrer les ouvrages, afin de conseiller à chaque lecteur celui qui convenait le mieux à son caractère, à son âge et à sa profession. Chaque année, il faisait avec soin le recensement des volumes et celui des prêts ; le dernier est daté du 15 juillet 1869, six mois à peine avant sa mort.

En 1867, un arrêté ministériel ayant mis la main sur les bibliothèques publiques, sous prétexte de liberté sans doute, comme tout ce qui se fait en France, M. F. Gillon s'en plaignit comme il suit à son ami Claude Millon, alors député de la Meuse, le 10 juillet de cette année :

« C'est une plus grosse affaire qu'on ne paraît le croire, que de placer nos bibliothèques publiques sous la surveillance des préfets. Si je n'étais pas si intéressé dans la question, car nous aussi nous sommes compris dans la réprobation du Sénat, puisque nous donnons en lecture des livres qu'il condamne, je voudrais te faire voir ce qu'il y a d'énorme à charger M. de Granville (le préfet d'alors) de régler notre catalogue et de décider ce que nous devons lire. Mais à quoi bon ? »

---

(1) M. Collignon, professeur au Lycée de Bar-le-Duc : *Écho de l'Est*, 19 mars 1870.

Le 1er novembre 1834, M. Félix Gillon fut élu membre du Conseil municipal de Bar-le-Duc.

« L'élection de samedi, dit à ce propos le *Journal de la Meuse*, a fait sortir du scrutin un de ces noms qui honorent ceux qui savent se choisir de tels mandataires ; M. Gillon, président du tribunal civil, a été proclamé membre du Conseil municipal à une très grande majorité. Espérons, dans l'intérêt même du pays, qu'un jour il sera de même appelé au plus haut mandat qui puisse surgir de l'urne électorale. »

L'avocat, le Président, l'éminent juriste se trouva fort embarrassé : l'apologue de Glaucon (1) lui revint en mémoire.

« Je ne connaissais, dit-il, ni les besoins ni les ressources de la ville ; j'ignorais ce qu'avaient fait les administrations précédentes, ce qu'elles avaient tenté, ce qu'il restait à faire.... Dans cet embarras, j'aurais voulu trouver quelque livre qui m'exposât clairement et complètement l'ensemble des services municipaux. Je me serais pénétré, en l'étudiant, et de leurs avantages absolus et de leur importance relative, et j'aurais moins couru le danger de faire fausse route. Mais un tel livre n'existe pas. Les lois mêmes qui régissent l'administration municipale sont éparses en des volumes nombreux d'époques diverses, et quand même j'aurais connu l'ensemble de la législation générale, je n'avais rien, rien absolument, sur les applications qui en avaient été faites à Bar en particulier. Et parmi ceux qui sont entrés depuis vingt ans au Conseil municipal, il en est plus d'un qui m'a avoué avoir passé par les mêmes perplexités que moi (2). »

---

(1) Xénophon, *Entretiens mémorables de Socrate*, III, chap. 6.
(2) *Étude sur le budget de la ville de Bar-le-Duc*, Introduction.

Pour combler cette lacune et après quinze ans de présence au Conseil municipal, M. F. Gillon écrivit en 1840, sous ce titre : *Étude sur le budget de la ville de Bar-le-Duc*, un opuscule in 8° de 250 pages qui offre, sous son apparente aridité, un traité clair, intéressant et pratique de droit administratif et d'économie communale. Sous sa plume attrayante, les questions les plus ardues deviennent familières, et tout en étant écrit spécialement pour Bar, cet ouvrage, fruit d'une longue expérience, devrait être dans toutes les mairies.

Comme conseiller municipal, le Président eut à intervenir dans une affaire très importante.

Depuis le 4 juillet 1823, en vertu d'un traité passé entre le département de la Meuse et la Congrégation des sœurs de Saint Charles de Nancy, l'hospice de Fains, qui recevait alors d'autres pensionnaires que des aliénés, était géré par les religieuses à leurs risques et périls, et chacun se louait de leur administration.

En vertu d'une ordonnance royale du 18 décembre 1839, inspirée par une manie de centralisation à outrance et conçue dans un esprit de défiance blessant vis à vis des sœurs, M. le comte d'Arros, préfet de la Meuse, de son propre mouvement, sans même en parler au Conseil de surveillance de l'hospice, dénonça leur traité, leur signifiant que l'établissement où elles déployaient tant de zèle allait être mis en régie, et qu'elles eussent à agir en conséquence. Cet acte inique, précipité, maladroit et malveillant, émut à la fois le Conseil général, qui se prononça contre la mesure, et le Conseil municipal de Bar, dont les intérêts étaient menacés, la régie devant avoir pour effet non de réduire la dépense, mais de doubler le prix de la pension journalière payée jusque là par la ville pour les nombreux malades, d'une nature spéciale, qu'elle entretenait à l'hospice de Fains.

Il s'ensuivit une polémique assez vive entre le Préfet et M. Paulin Gillon, alors maire de Bar-le-Duc, qui, après avoir énuméré le nouveau personnel : « directeur, médecin en chef, médecin adjoint, élèves en médecine, receveur, économe, infirmiers, gardiens, surveillants, tous résidant et entourés de leurs familles, » rendit hommage à la direction des dames de Saint Charles et fit cette virulente déclaration :

« Si la direction d'un hospice, tel que celui de Fains, devait être confiée à un de ces hommes au cœur généreux, à l'âme embrasée de l'amour du bien, vieillis au milieu de nous dans une réputation d'austère probité, au dessus du besoin, d'une moralité vierge, l'opinion, soyez en sûr, Monsieur le Préfet, se prononcerait encore sans hésitation en faveur des sœurs de Saint Charles. Des hommes peuvent être soignés par les femmes, jamais des femmes par les hommes. Un hospice d'ailleurs est un établissement d'une nature particulière, où il doit y avoir beaucoup de cet arbitraire qu'exigent la bonté, la douceur, la patience et la charité prévoyante, toutes choses que gêne et rend impossible la raideur des règles ordinaires de nos administrations financières. Combien de détails enfin qui ne peuvent prendre vie en quelque sorte et prospérer, que sous l'intelligente et merveilleuse flexibilité des qualités physiques et morales de la femme !

« Mais, continue M. P. Gillon, quelle désolante calamité si la direction de notre hospice venait à être livrée à l'un de ces hommes au cœur sec, qui trouvent que nos bonnes sœurs donnent aux pauvres de trop fortes portions, qu'elles couchent trop bien leurs malades, et qui leur reprochent d'encombrer nos hôpitaux parce qu'elles sont trop attentives et trop charitables pour les malheureux qui viennent y chercher un refuge! Voyez-vous, Monsieur le Préfet, cet homme famélique, assistant tous les jours aux distributions, l'œil jaloux et veillant à ce qu'il ne soit accordé à chaque pauvre que tout juste ce qui lui est indispensable pour ne pas mourir de faim! Quelle famille, je vous le demande, consentirait à exposer l'un des siens à l'avidité d'un tel homme ? »

A ces véhémentes objurgations, le Président joint l'appui de son talent. Intéressé dans la question, le Conseil municipal proteste à plusieurs reprises contre cette mise en régie de l'hospice de Fains, et charge M. F. Gillon de rédiger ses énergiques protestations. Nous regrettons de ne pouvoir, dans le cadre étroit où nous nous mouvons, le montrer attaquant, au nom de la loi même, la malencontreuse ordonnance, en déduisant les déplorables effets non seulement au point de vue moral, mais aussi des intérêts financiers, prouvant, chiffres en main, que cette mesure *économique* doublerait et au delà le prix journalier de la pension des hospitalisés, éloignerait de cet établissement un grand nombre de malades que les familles y plaçaient, assurées des bons soins dont les entouraient les religieuses, et qui n'y trouveraient plus les garanties de bien être et de moralité sur lesquelles on avait droit de compter, aucun ecclésiastique ne devant désormais être attaché à l'hospice. Tout cela déduit avec une verve, une logique, une autorité qui ne laissaient nulle prise à la discussion. La cause des religieuses fut momentanément gagnée.

La transformation du vieux collège Gilles de Trèves en collège royal, et l'établissement d'un marché couvert indispensable, trouvèrent en M. F. Gillon un ardent promoteur ; il s'expliqua catégoriquement, dans son *Étude sur le budget*, sur l'ajournement indéfini d'améliorations urgentes et vivement réclamées, dans la crainte pusillanime d'engager l'avenir aux dépens de l'heure présente. On consentit néanmoins, pour tempérer l'impatience du public, à annexer au collège une école primaire supérieure.

M. Paulin Gillon, qui administra si habilement la ville de Bar de 1840 à 1848, eut, comme il devait s'y attendre, ses détracteurs et ses amertumes. Le Président prit ainsi sa défense en plein Conseil municipal :

« Dira-t-on qu'il aurait encore pu faire plus et mieux ? Mais que les esprits difficiles veuillent bien, auparavant, se rendre compte de la situation d'un maire. Son autorité n'est pas sans contrôle, ses droits sont limités, les ressources dont il dispose ne sont pas inépuisables. Toutes les mesures qu'il a prises ou adoptées ne recevront point l'approbation universelle sans doute. En tout temps il est malaisé d'avoir pour soi l'unanimité des suffrages. »

Félix Gillon quitta le Conseil municipal en 1857 pour aller habiter Paris. De retour à Bar, il refusa d'y rentrer. La mairie possède de lui nombre de travaux forts intéressants.

On peut appliquer au Président ce que l'honorable M. Salmon (1) a dit de M. Paulin Gillon dans la notice qu'il lui a consacrée en 1882 :

« Il faut le compter parmi les hommes intelligents, les hommes habiles et les hommes de bien qui ont fondé,

---

(1) Salmon (Ch.-Auguste), né à Riche (Meurthe) le 27 août 1805, procureur du Roi à Saint-Mihiel en 1848, fut élu représentant du peuple pour la Meuse avec 39,000 voix, et réélu en 1849. Après le coup d'État il rentra dans la vie privée. M. Troplong lui rouvrit les

dans le département de la Meuse, cette Caisse des incendiés qui mérite d'être offerte de nos jours comme un des modèles les plus parfaits des institutions de ce genre.

« Il mettait au premier rang des établissements qui ont pour objet l'assistance de l'homme, ces Caisses d'épargne qui peuvent atténuer pour le riche les coups de la fortune, prémunissent l'homme aisé contre la gène, et préservent l'artisan, l'ouvrier, l'homme de peine de la misère. Aussi entourait il celle de Bar de toute sa sollicitude. »

Peu après la création de la bibliothèque souscriptionnelle, M. Fabvier écrivait de Nancy à M. Félix Gillon :

« On m'a dit, mon cher Président, que vous vous occupez activement aussi de la création d'une Caisse d'épargne. C'est encore là un de ces projets dont la réalisation peut avoir tant d'influence sur notre avenir. Il faudrait dans toutes les villes des hommes comme vous, qui laissent un peu de côté les hauteurs de la politique, d'où l'on ne voit pas grand'chose, pour s'approcher un peu du peuple et lui assurer de l'instruction et du bien être. »

---

portes de la magistrature. Procureur impérial à Charlevile, avocat général à la Cour de Metz, il fut nommé, en 1870, premier Président à la Cour de Douai, puis en 1876, conseiller à la Cour de cassation où la retraite l'atteignit en 1880. Nommé sénateur par le département de la Meuse en 1876, il ne fut pas réélu en 1879. Représentant le canton de Vigneulles, il présida plusieurs années le Conseil général.

Correspondant de l'Institut, M. Salmon écrivit plusieurs ouvrages, dont l'un sur les *Devoirs des instituteurs primaires*, couronné par l'Académie des sciences morales et politiques. Les maîtres de l'enfance étaient l'objet de ses prédilections, et il a inspiré à tous ceux qui l'ont connu de vifs sentiments de gratitude.

« La Caisse d'épargne et de prévoyance de Bar-le-Duc fut autorisée par ordonnance royale du 19 juillet 1834 et ouverte le 10 août suivant (1). »

Mais la sollicitude de M. F. Gillon fut surtout pour la Caisse départementale des incendés du département de la Meuse.

Cette Caisse, chef-d'œuvre d'association et de réglementation, dont l'origine fut humble et le développement assez lent, fut créée le 16 novembre 1805 par un arrêté de M. le comte de Sainte-Aulaire, alors Préfet de la Meuse, approuvée par le Ministre de l'intérieur le 11 décembre suivant, et reconnue d'utilité publique, d'abord le 5 juin 1850, puis le 23 août 1871. Elle est administrée au nom du Conseil général par un bureau central pris dans son sein, auquel sont adjoints plusieurs notables du département.

M. F. Gillon prit place dans ce bureau le 13 novembre 1839 ; quatre ans après, il en fut nommé président, fonctions qu'il remplit avec un zèle soutenu jusqu'à sa mort en 1870. En 1857, lors de son départ pour Paris, il donna sa démission, mais ses collègues du bureau, en présence des services éminents et incessants qu'il avait rendus à la Caisse des incendiés alors florissante, l'obligèrent, ainsi que nous allons le voir, à revenir sur sa détermination.

Dans l'assemblée extraordinaire du 26 août 1858, M. Achille Henriot, juge de paix du canton de Bar et vice-président, s'exprime ainsi :

« Au mois de novembre 1857, M. Félix Gillon prit la résolution, si pénible pour nous tous, de renoncer aux

(1) *Almanach de Bar*, 1861.

fonctions de président du bureau central de la Caisse des incendiés : ce n'est pas devant vous, Messieurs, qu'il est nécessaire d'insister sur la grandeur de la perte que nous avons faite. Comme nous, vous avez pu apprécier depuis longtemps à l'œuvre cette intelligence supérieure si vive, si pénétrante, toujours inspirée par le sentiment de la justice et du bien public, qui d'un coup d'œil saisit et comprend les questions les plus épineuses et les plus complexes ; cet esprit droit et pratique, nourri de fortes études, qui voit les choses de si haut, et sait les embrasser pourtant dans leurs moindres détails ; cette parole incisive, nette et prompte, qui porte la lumière et la conviction dans les discussions ; et par dessus tout ce cœur si simple, si modeste et si bienveillant, qui rend toutes les relations avec lui bonnes et faciles, et lui a assuré l'affection durable de tous ceux qui l'ont connu.

« C'est à l'assemblée générale seule qu'appartenait le droit de lui donner un successeur, et vous allez avoir à voter au scrutin la nomination d'un président dont les pouvoirs expirent à votre session de 1859, M. F. Gillon ayant été élu en 1854 pour une période de cinq ans. Mais pour ne pas arrêter l'expédition des affaires jusqu'à votre réunion de ce jour, le bureau central a été dans l'obligation de choisir provisoirement un vice-président dans son sein ; il m'a fait l'honneur de me confier, par sa délibération du 21 octobre 1857, ces fonctions temporaires..... »

Avant de procéder à la nomination d'un président, un membre exprime tout le regret qu'éprouve l'assemblée de la retraite de M. Gillon, et propose au Conseil général de nommer une députation qui se rendra près de lui, pour le prier de conserver la présidence du bureau central de la Caisse des incendiés.

Adoptant cette proposition, le Conseil général délègue MM. Bazoche, Larzillière Beudant, Henrion, Clément et Millon, avec mission de se rendre immédiatement, accompagnés du vice président du bureau central, chez M. Félix Gillon, pour le prier de rester membre de ce bureau. Plusieurs autres conseillers se joignent à ces Messieurs.

La séance est suspendue.

Elle est reprise au retour de la députation. M. de Benoist exprime au Conseil général combien M. F. Gillon a été touché de la démarche faite près de lui, et annonce qu'il se rend aux vœux de l'assemblée et se met à la disposition de ses anciens collègues. Cette résolution est accueillie par des applaudissements unanimes.

L'assemblée, considérant ensuite que M. F. Gillon s'est retiré du Conseil général, que dès lors il n'est plus membre du bureau central, qu'il ne peut y rentrer que comme notable, mais que le nombre des notables fixé par le règlement est complet, prie M. le Préfet de modifier, pour ce cas spécial, l'art. 3 du règlement, et d'appeler au bureau central M. F. Gillon.

M. le Préfet, présidant la séance, déclare alors modifier en ce sens l'art. 3 du règlement, nomme M. F. Gillon du bureau central ; — et l'assemblée le proclame président par acclamation.

Et comme M. F. Gillon est obligé de s'absenter de Bar pendant une partie de l'année, M. Achille Henriot, juge de paix, lui est adjoint comme vice président.

Quoi qu'on puisse penser des louanges officielles, il faut bien reconnaître que de tels procédés employés à l'égard de M. Gillon témoignent de la confiance et de la sympathie singulières dont il jouissait parmi ses anciens collègues du Conseil général, l'élite du département.

Dès novembre 1839, M. F. Gillon fut élu, en remplacement du maréchal Oudinot qui se retirait, membre de ce Conseil pour le canton de Bar le Duc. Tout d'abord il déclina la candidature, mais il dut l'accepter, comme il l'écrit lui même, *dans la crainte de paraître reculer devant une place gratuite*. Voici en quels termes, le 26 novembre, il fit part de son élection à sa femme absente :

« Tu auras peut être su par les journaux du département que je suis devenu tout à fait sans le vouloir le collègue de Bazoche (au Conseil général). Je n'avais parlé à personne de ma candidature, et il n'y en a pas plus de douze qui m'en aient parlé. Au scrutin, sur 96 votants, j'ai eu 85 suffrages...... Je suis peu flatté de la commission ; mon père y a paru infiniment plus sensible. Au moins ai je eu cela de bon que, comme me le disait Paulin Gillon le jeudi précédent, j'ai eu les honneurs de la candidature sans en éprouver les tracas et sans en courir les périls. Je n'aurais voulu ni des uns ni des autres. »

Ce genre d'honneurs, en effet, ne touchait guère le Président. A M. Millon, qui dans une circonstance analogue lui adressait des félicitations, il répondait :

« Je te remercie, ou plutôt nous te remercions de tes compliments à propos de notre élection.

« S'il n'y avait pas trop d'insolence à le dire, je crois que ceux qu'il faudrait féliciter, ce ne serait pas nous, mais ceux qui savent se décharger sur nous du soin des affaires, et qui ont le talent de nous persuader qu'ils nous honorent en se débarrassant.

« Pour moi, ces vanités du monde me touchent peu.

et si j'avais trouvé une porte ouverte pour une retraite honorable, j'en aurais volontiers profité (1). »

Les conseillers généraux d'aujourd'hui, qui pour beaucoup tiennent leur mandat d'une foule inconsciente et mobile, applaudiraient-ils à cette note du Président, copiée sur un résumé des délibérations ?

« Le membre du Conseil général, comme le député, ne doit compte à personne de l'exercice de son mandat ; il est tenu d'examiner avec soin, d'écouter avec attention, de décider en toute impartialité ; il manquerait à son devoir s'il cédait aux passions ou aux préjugés de ceux qui l'ont élu. Il ne relève, suivant l'expression ancienne, que de Dieu et de sa conscience. »

Inutile de dire le zèle et le talent qu'il apporta dans ces nouvelles fonctions. En 1848, à la session extraordinaire, il fut élu président du Conseil général en remplacement de M. Jean-Landry Gillon, et maintenu dans ce poste honorable pour les années 1849 et 1850. Réélu en 1851, il dut s'excuser, à peine rétabli d'une maladie grave. Comme pour le Conseil municipal, il se retira définitivement du Conseil général, et pour le même motif, en 1857, après y avoir siégé dix huit ans sans interruption. Tout d'abord sa démission ne fut pas acceptée, et il dut la renouveler le 11 mai.

A la session suivante, M. le baron de Benoist (2), se-

(1) Lettre du 13 avril 1852.

(2) De Benoist (Victor Louis, baron), né à Dugny (Meuse) le 27 octobre 1813, officier de la Légion d'honneur, Commandeur de l'ordre de Saint-Grégoire-le-Grand, maire de Waly, membre du Conseil général de la Meuse, député de l'arrondissement de Verdun de 1858 à 1870, président de la Société d'agriculture de cette ville, lauréat de la prime d'honneur au Concours régional de 1864, décédé à Waly le 15 juin 1897.

crétaire du Conseil général, exprime en ces termes ses regrets personnels et ceux de ses collègues :

« L'usage n'accorde pas la parole à votre secrétaire dans la séance d'ouverture du Conseil général, et cependant la réserve pleine de délicatesse de notre honorable et cher président (M. Bazoche, beau frère de M. F. Gillon) me fait un devoir d'exprimer en ce moment un sentiment qui est dans tous nos cœurs, et de me rendre l'organe des regrets que nous inspire la retraite prématurée de notre éminent collègue M. Félix Gillon.

« Pendant de longues et trop courtes années, M. Gillon a été la lumière de cette assemblée. Vous savez avec quelle autorité il présidait nos délibérations, avec quel respect et quelle émotion nous écoutions son admirable parole. Je ne vous rappellerai point son intelligence des intérêts du département et son zèle à les faire prévaloir ; je ne puis toutefois passer sous silence son dévouement à l'une de nos plus belles institutions départementales : la Caisse des incendiés, son œuvre de prédilection, doit à sa sagesse sa prospérité et cette forte et simple organisation que les départements voisins nous envient en cherchant à l'imiter. Lorsque sa santé le força de renoncer à une présidence que nous étions fiers de lui décerner à l'unanimité, nous espérions le garder longtemps encore au milieu de nous ; mais, malgré nos instances, et je ne dirai pas encore définitivement, il nous quitta pour se consacrer tout entier à son amour paternel : il veut donner à son pays un fils digne de lui. Respectons, Messieurs, sa volonté, mais n'oublions pas un collaborateur, je dirai plus, un ami, notre maître et notre modèle à tous.

« Allons trouver souvent ce sage dans sa retraite; cherchons à imiter sa modération, à nous inspirer de ses lumières, de son patriotisme...... Souhaitons surtout une verte vieillesse à ce véritable philosophe qui a préféré sa ville natale et le commerce de ses amis aux plus hautes fonctions de la magistrature. Enfin, que nos vœux accompagnent ce noble père et se portent avec les siens sur ce jeune fils, objet de tant d'amour et de soins éclairés; désirons pour lui, au profit de nos neveux, la continuation du plus glorieux des héritages, celui des services rendus au pays joint au talent et à la vertu. »

En 1841, eut lieu à Bar le Duc une *Exposition industrielle* qui fut ouverte le 27 mai. Par arrêté du 18 février, M. Paulin Gillon, maire et président né de cette exposition, nomma M. Félix Gillon vice président du jury chargé d'en régler les détails.

« Il y a, » dit l'avis administratif, « des ouvriers pleins d'habileté, mais modestes, inconnus, et manquant de clientèle parce qu'ils manquent de prôneurs. L'exposition sera pour eux une occasion de se faire connaître, non seulement à Bar, mais dans tous les environs, et même aux étrangers éloignés, convoqués à venir visiter notre exposition, qui sera pour tous les exposants le meilleur des prospectus. »

Dans un rapport détaillé adressé au maire, M. F. Gillon montre les résultats favorables de cette première tentative, loue les efforts faits par les exposants, espère mieux encore pour l'avenir, et regrette que, par timidité sans doute, nombre de modestes et très intéressants industriels aient cru devoir s'abstenir d'exposer, quoiqu'eux surtout aient besoin d'être connus et encouragés.

Vers 1844, ému de certains bruits très honorables

sans doute, mais inquiétants pour sa modestie et sa tranquillité, le Président écrivit, pour s'en faire un bouclier contre ses amis trop zélés et contre lui même, une déclaration formelle et motivée de ne jamais accepter le mandat législatif. Nous la donnons presque tout entière malgré son étendue, parce qu'elle est plus que jamais d'actualité, à l'heure où le plus honnête homme, pour affronter le suffrage dit universel, doit être cuirassé d'un triple airain.

« Si la prévoyance est une vertu, il est bon de prévoir ce qui peut nous arriver dans la vie, et décider quel parti nous prendrons si telle ou telle prévision se réalise. C'est rêver creux, dira t on. Soit : encore vaut il mieux rêver creux cent fois que d'être pris une seule fois au dépourvu.

« Je pensais donc qu'ayant quarante cinq ans, payant plus de 600 fr. d'impôts, étant membre du Conseil général, il se pourrait qu'on vînt me proposer de représenter un arrondissement à la Chambre. Si une telle proposition m'était faite, que devrais-je répondre ? Pour le savoir, il faut connaître par quels moyens on devient député, à quelles conditions on peut l'être, et à quel prix on conserve la députation.

« Je sais bien qu'il est des hommes que tout un arrondissement désire, qu'on violenterait volontiers pour en faire un député, qui sont nommés sans contestation, sans l'avoir, je ne dis pas demandé, mais désiré. Cela n'arrive qu'aux éminents, ou bien quand le pays menacé se confie à un patriote éprouvé. Or, je ne suis pas des éminents, et Dieu garde mon pays des circonstances critiques où il aurait à se confier à ceux dont la vertu première et souvent la seule est de partager ses opinions, et, oserai-je le dire, ses préjugés.

« A part ces deux cas rares, et en exceptant ceux qui

ambitionnent la députation et ne se font pas faute d'intrigues pour y arriver, voici comme les choses se passent. Quelques électeurs influents ou remuants proposent à un homme la députation, et, s'il l'accepte, le prônent, l'appuient et le recommandent. Or, en telle occurrence, les candidats, même les plus honnêtes, conservent-ils l'entière liberté de leur jugement moral ? A tel électeur peu estimable qui votera pour eux, oseront-ils témoigner le mépris qu'il leur inspire ? Et à défaut du mépris public que la politesse seule suffirait peut-être pour interdire, garderont-ils contre lui « cette haine vigoureuse » que doit inspirer le vice ? Parce qu'il vote pour eux, ne trouveront-ils pas qu'après tout il n'est point si méprisable, et ne feront-ils pas ce qu'un amant fait de sa maîtresse, donnant à ses défauts des noms favorables ? Et si, au lieu d'un vicieux, je suppose un électeur imbécile, ambitieux, avide, n'écouteront-ils pas les niaiseries de l'un, et ne laisseront-ils pas entrevoir aux autres qu'après tout leurs espérances pourraient bien se réaliser ? Cela, c'est se dégrader à ses propres yeux ; c'est, dans son intérêt propre, par calcul, abjurer sa moralité et sa raison. »

Laissons de côté ce qui concerne la dépense ; le mandat de député était alors gratuit, et l'on ignorait l'art de se faire 9000 fr. de rentes en exploitant la politique.

« A Paris, mêlé au monde par l'effet naturel de sa position, prenant part aux réunions publiques, fréquentant les soirées et les assemblées, vivant avec des collègues forts riches, le député de province sera bien heureux s'il ne se laisse pas séduire à cet éclat qui l'entoure, s'il ne se prend pas à désirer pour lui cette richesse qu'il trouve partout autour de soi. Déjà malheureux et déjà agité par ce désir, ne se rendra-t-il pas plus malheureux encore en dépensant plus qu'il ne le peut raisonnablement ?

« Ce n'est pas seulement durant ce séjour à Paris que ces inconvénients se produisent. Rentré en province, la vie du député est encore une vie publique. Il visite son arrondissement ; il y est accueilli par ceux qu'il a aidés ou protégés ; il est reçu par ses électeurs, qui viennent le voir à son tour. Ce sont visites, dîners, fêtes obligatoires. C'est une vie où l'on n'est plus à soi ; on ne saurait tenir sa porte fermée à un électeur, son cabinet muré aux visiteurs, aux solliciteurs. Sa table n'est plus ce foyer privé où l'on s'asseoit et où l'on cause librement en famille. Il faut y recevoir ceux qui vous ont accueilli, leur tenir compagnie, leur faire fête. On n'est jamais sûr de dîner seul : ce n'est pas seulement une dépense, mais un perpétuel ennui.

« Et si, de retour à Paris, on reprend les travaux de la session, l'on est assailli de mille lettres importunes, de solliciteurs plus importuns encore. Les éconduire : c'est perdre leur voix, celles de leurs amis, de leurs parents, c'est renoncer à la députation. Les appuyer : mais alors on perd son temps à courir les ministères, à recommander ses protégés, à écrire, à faire mille démarches en leur faveur. Fera-t-on un choix ? n'appuiera-t-on que ceux qui ont des titres sérieux ? Quel embarras pour repousser les autres, et combien ne fera-t-on pas de mécontents ? Si on les appuie tous indistinctement, on tombera dans un profond mépris de soi-même, et de l'ignoble emploi que l'on fait de ses fonctions.

« Eh bien ! je n'ai pas la conscience assez facile, le sens moral assez dépravé pour me prêter à tant de complaisances avant et après la nomination. Je n'aime pas le monde, il me pèse, il me fatigue, il m'énerve. Je ne suis pas assez riche pour suffire aux dépenses de la députation, et je n'ai pas la tête assez ferme pour assurer que la vue de la richesse ne me troublerait pas.......

« Voilà des raisons déterminantes pour moi, déterminantes pour ceux que leur capacité, leur fortune, leur caractère, relèguent dans la classe ordinaire et moyenne; mais raisons sans valeur pour les esprits supérieurs que leur intelligence appelle à gouverner le monde ; tous les inconvénients que je viens d'énumérer ne sont et ne doivent être pour eux que des toiles d'araignée; leur nature les pousse invinciblement à la tête du troupeau, car enfin ce troupeau doit être conduit.

« Et même pour nous, perdus dans la foule où est notre véritable place, il est telle circonstance où nous devons en sortir, malgré la conscience de notre infériorité et de notre impuissance. Si une guerre, une invasion, une restauration, un pouvoir malveillant ou insensé menacent le pays ; si en un tel cas un vote net, décidé, énergique, peut prévenir cette calamité ; si vos concitoyens vous chargent d'aller en leur nom déposer ce vote, acceptez le mandat, acceptez le sans hésiter. Ceci n'est point un honneur qu'on recherche, c'est un devoir qu'on remplit. Tergiverser serait faiblesse, refuser serait lâcheté. L'ennemi menace le rempart, courez au rempart, défendez le au prix de votre repos, de votre fortune, de votre sang. »

L'éloignement qu'éprouvait Félix Gillon pour le mandat législatif n'était donc pas, comme on eût pu le croire, un égoïsme déguisé, une simple affaire de finance, une crainte exagérée du dérangement. Toute sa vie proteste contre ces calculs égoïstes. Nouveau Cincinnatus, il quittera sa charrue, s'il le faut, pour sauver la patrie, sauf à y revenir avec joie le danger passé, unissant ainsi le plus pur désintéressement au plus ardent patriotisme.

Sur la proposition de la commission administrative de l'hospice de Bar-le-Duc, M. le Préfet et le Conseil général de la Meuse, dans la séance du 26 août 1859, ont consacré à la création d'un orphelinat agricole, pour l'éducation des enfants assistés du département, les 30.000 fr. provenant du legs de Napoléon Ier.

Pour aider à la réalisation de ce projet favorablement accueilli par l'opinion publique, la Caisse des incendiés de la Meuse prêta son concours. Elle acquit la ferme dite *des Capucins*, près de Ligny, y fit édifier les bâtiments nécessaires, puis, le 13 décembre 1859, la donna à bail pour vingt et un ans, du 23 avril 1860 au 23 avril 1881, à la Société de Saint Pierre ès liens de Marseille, qui se chargea de la direction du nouvel établissement.

M. F. Gillon ne fut point étranger à cette ingénieuse combinaison ; aussi quand, par arrêté préfectoral du 16 novembre 1860, la surveillance de l'*Orphelinat Napoléon Ier* fut confiée à une commission de cinq membres, il en eut la présidence, dont il se démit, sans que nous en sachions le motif, le 8 septembre 1863.

Bien d'autres fois on fit appel à son concours ; il l'accorda ou le refusa, suivant le temps ou les forces qu'il jugeait pouvoir consacrer aux fonctions qu'on lui offrait. Pour lui, être membre d'une commission, d'un bureau, d'un conseil, était, non pas un honneur, mais une obligation rigoureuse d'y donner l'exemple d'un travail désintéressé, utile et assidu.

Aux prises avec la douloureuse maladie qui allait nous le ravir, le Président s'occupait encore activement des intérêts financiers de sa chère ville de Bar. En décembre 1869 et en janvier suivant, il donnait à l'*Écho de l'Est*, à propos de la suppression de l'octroi, de longs et vigoureux articles. Il y démontrait, chiffres en main, l'inopportunité de cette mesure pour les ressources de la ville, les charges qu'elle imposerait aux petits contribuables, de beaucoup les plus nombreux, et concluait comme il suit :

« Conservons l'octroi tel qu'il est, impôt indirect en partie volontaire, de perception facile, d'une rentrée assurée et régulière ; modifions-le en ce qui peut exiger des modifications, mais gardons nous de le supprimer dans le vain espoir de le remplacer par une application plus large de l'impôt direct. MM. les Parisiens, qui parlent des provinciaux avec un superbe dédain, ont pour habitude de jeter en avant des mots sonores destinés à flatter les oreilles populaires : suppression des octrois, — séparation de l'Église et de l'État, — abolition des armées permanentes, — et quand on serre de près ces mots retentissants qui semblent porter dans leurs flancs la félicité publique, on voit bientôt combien ils sont vides et creux.

« Ne nous laissons pas séduire par ces désirs immodérés de réformes complètes et absolues. Étudions les améliorations dont chaque service est susceptible ; réalisons-les successivement et peu à peu ; mais surtout ne renversons pas, ne supprimons pas avant de bien savoir par quoi nous remplacerons ce que nous avons supprimé, et sans nous être bien rendu compte de ce que nous gagnerons au changement. »

VII

LE LETTRÉ

Ménager du temps, cette précieuse étoffe dont est fait la vie, M. F. Gillon en trouva toujours assez, malgré ses multiples occupations, pour se reposer dans l'étude. Oubliant, aussitôt qu'il en avait le loisir, ses fatigues officielles, il accourait avec bonheur retrouver, dans son cabinet de travail, ses amis les plus complaisants, les plus discrets et les plus sûrs, — ses livres, — qui lui parlaient tour à tour la langue d'Horace, de Plutarque, de Shakespeare, du Dante et de Bossuet.

Voici en quels termes M. Collignon, professeur de rhétorique au lycée de Bar-le-Duc, parle du Président au point de vue littéraire :

« Les lettres ont été, pour M. F. Gillon, une occupation constante et chère : comme elles avaient charmé sa jeunesse, elles ont consolé ses derniers jours..... A chaque période de sa vie, on retrouverait, sous des aspects divers, ce persistant amour des belles-lettres classiques, des études morales et de la plus saine érudition. Tantôt, séduit par la sévère grandeur de Port-Royal, il rassemble, avec un zèle éclairé, une véritable bibliothèque janséniste, et lie à ce propos avec Sainte-Beuve (1) des rela-

---

(1) Célèbre critique français, 1804-1869.

tions que consacrent quelques charmantes lettres du grand critique ; tantôt il se jette courageusement dans la traduction de la volumineuse histoire grecque de Grote. Puis quand, par un travail asssidu, cette œuvre a été menée à bien, il s'attaque à un nouvel historien anglais. De cruelles souffrances interrompent bientôt cette seconde entreprise.

De tels labeurs retrempent singulièrement un esprit nourri d'ailleurs des meilleures études classiques et cultivé par la connaissance des littératures étrangères. Sa conversation simple, naturelle, nullement pédante, reflétait tout ce vaste savoir, et y ajoutait le charme d'une vive et brillante parole. Esprit classique dans la plus large et la plus belle acception du mot, M. F. Gillon avouait hautement sa préférence pour les auteurs anciens. Virgile, Homère, Sophocle, d'autres encore dont sa riche mémoire possédait les plus belles pages, ont trompé plus d'une fois, il nous l'a dit, l'ennui et les souffrances des derniers mois comme, au temps de sa pleine vigueur, ils l'accompagnaient sur les coteaux boisés qu'il aimait à parcourir en songeant aux choses de l'esprit (1). »

Avant de s'adonner à la littérature, Félix Gillon éprouva l'impérieux besoin de revenir à l'étude des langues anciennes, qu'il n'avait qu'effleurées au temps de ses humanités. Il s'y remit de tout son cœur, et son intelligence aidant, il y fit des progrès rapides. En 1826, il étudia l'anglais, puis l'italien, en prévision de voyages qu'il se proposait de faire. Dès lors il se mit à lire avec fruit et méthode les meilleurs classiques anciens et modernes, sans négliger de se tenir au courant des publications contemporaines.

(1) Causeries, *Écho de l'Est*, 19 mars 1870.

« Je crains », a dit quelqu'un, « celui qui n'a lu qu'un livre. » M. Gillon en lut beaucoup, et n'en fut pas moins redoutable : doué d'une excellente mémoire, il retenait et s'assimilait volontiers les auteurs les plus divers. Il usait d'ailleurs d'un procédé qu'on ne saurait trop recommander aux jeunes lecteurs : il copiait, dans un registre spécial, tous les passages qui le frappaient, et formait ainsi une sorte d'*anthologie* qu'il relisait à loisir. Nous y avons relevé des extraits de plus de *deux cents auteurs*, sans parler de l'Écriture sainte et des Psaumes, dont la poésie le charmait ! Quoi d'étonnant qu'il fût disert, que sa conversation fût instructive, intéressante, semée de citations appropriées à chaque sujet, et quelquefois d'un mot étranger quand le français lui faisait défaut pour rendre exactement sa pensée ! Et cela simplement, sans prétention et sans pédantisme. Ses derniers extraits sont datés de 1866, alors que son âge et sa santé altérée lui commandaient le repos.

Mais pour lire, il lui fallait des livres. Il achetait, échangeait, empruntait, louait des ouvrages suivant les cas, et se composa peu à peu une excellente bibliothèque. Il entretenait une correspondance très active avec les libraires Cordier et Ladrange, ses principaux fournisseurs de Paris. Alors les chemins de fer n'existaient pas ; tout s'expédiait par messageries ; souvent on chargeait un ami, un parent, d'apporter ou de reporter les volumes. Ces lenteurs l'impatientaient fort, comme il s'en plaint dans ses lettres.

Voyager est un autre moyen de s'instruire : M. F. Gillon voyagea.

En 1832 il se rendit en Angleterre. Son but principal était de comparer la législation de ce pays avec la nôtre. Il visita l'Écosse et rapporta de ses sites pittoresques des souvenirs ineffaçables.

L'éducation de l'enfance fut toujours une de ses principales préoccupations. Aussi profita t il de son séjour en ce pays pour en visiter les établissements scolaires. A Édimbourg, Glascow, Leeds, York, etc., il fit sur le matériel, la discipline et l'enseignement des remarques fort intéressantes dont nous citerons quelques unes prises au hasard.

« M. Wood, avocat, possède à Édimbourg une nombreuse école des deux sexes où sont reçus, comme dans toutes les écoles écossaises, les enfants de toutes les communions. Cette école a une très belle salle ; les tables pour écrire sont rangées alentour ; les cercles droits au milieu. Ce qui distingue cette école, c'est la méthode d'enseignement, qui est rationnelle..... C'est par questions qu'on enseigne tout aux élèves ; ils ne récitent pas par cœur et en perroquets un chapitre de la Bible ou une page d'histoire naturelle : on procède en les interrogeant. Si c'est la Bible, on demande des explications. Qu'est ce que la Galilée ? Où est elle située ? Ou bien l'Égypte. Qu'est ce qu'un Pharaon ? N'y a t il qu'un seul roi d'Égypte qui se nomme Pharaon ? Est ce un nom commun ? Toutes les dynasties égyptiennes l'ont elles porté ? N'y a t-il pas d'autres dynasties ? A cette question, l'enfant a répondu : les Ptolémées.

« Si c'est de l'histoire naturelle : Qu'est ce que le coton ? Où croît il ? Est ce une fleur ? un arbre ? Vient-il dans un fruit ? une gousse ? Quelle est sa couleur ? son utilité ? son emploi ?

« La classe est partagée en deux divisions. Pendant ces exercices à haute voix d'une division, il serait à peu près impossible à l'autre de travailler fructueusement. On préfère donc, quand le temps le permet, l'envoyer jouer sur le *mound* (1), qui est pour eux une véritable

(1) Rempart, talus des fortifications.

cour, et on la rappelle au son d'une cloche quand la première a fini, et celle-ci joue à son tour. Ainsi il y a repos et travail.....

« Dans cette école on paie 6 pences (0 fr. 60 cent.) par mois. La moitié des élèves étaient nu-pieds.....

« Leeds. — J'ai vu là d'assez bons cahiers d'écriture. J'ai remarqué que pour donner à l'écriture l'inclinaison voulue, on se sert d'une planche de la largeur de la feuille du cahier. Sur cette planche sont fixés avec de la colle forte des fils disposés selon l'inclinaison demandée. On met la planche sous la feuille et l'on passe sur celle-ci un rouleau de plomb qui se trouve ainsi rayer là où sont les fils..... »

Nous bornons ici nos citations, qui prouvent avec quelle minutieuse attention M. Gillon se rendait compte des moindres détails. Ses notes, indiquant la variété des procédés ingénieux employés par les maîtres au profit de l'enseignement, prouvent que ceux-ci ne sont pas, comme en d'autres pays, emmaillottés dans des langes officiels.

Lors d'un séjour prolongé qu'il fit à Metz en 1840, il s'occupait également d'enseignement primaire.

« J'ai visité aujourd'hui, écrit-il à sa femme, avec l'agent général des écoles, deux écoles de garçons, deux salles d'asile et deux écoles de filles, tenues toutes par des laïques ; une école de frères de la Doctrine chrétienne, et un hospice où cent sept orphelins sont élevés par des sœurs de Saint-Vincent-de-Paul. J'ai vu à l'agence générale tous les registres, comptes, rapports hebdomadaires et semestriels, et chemin faisant, j'ai recueilli de la bouche de l'agent beaucoup de bons et utiles renseignements (1). »

(1) Lettre du 11 juillet 1840.

A son retour d'Angleterre, il traduisit quelques pages de G. Washington, de Marie Barton, de Jane Eyre, et une partie des œuvres théologiques de E. Channing, surtout en ce qui concerne les preuves de la divinité du catholicisme. Il prit goût à ces essais littéraires, et trente ans plus tard y puisa le remède à de cuisants chagrins.

Son commerce fréquent avec Virgile, Horace et Tite-Live fit naître chez Félix Gillon le désir de visiter l'Italie. Le 28 août 1834, il quitte Bar avec son ami Liouville (1), arrive à Nancy le même jour, traverse Colmar, Bâle et Lucerne ; est à Milan le 5 septembre, à Padoue le 10, à Venise le 18, à Bologne le 22 et le 5 octobre à Rome. Au cours de son voyage, il note avec soin ses impressions, et en compose une sorte de journal qu'il adresse à mesure à ses parents.

Son père, toujours pratique, lui écrit le 9 septembre :

« Mon ami, nous avons reçu ta lettre portant pour dernière date Lucerne, le 1er septembre, et nous l'avons lue avec grand plaisir. La description que tu nous fais des lieux que tu parcours excite notre intérêt ; je t'engage à continuer de nous rendre compte de tes émotions et de tes observations. Ce sera pour nous une relation de ton voyage que tu trouveras à ton retour *et qui pourra te servir par la suite.* »

Le 20 septembre, notre voyageur enthousiaste traduit ainsi ses impressions :

« Je vais bientôt quitter Venise, la ville des doges, ses théâtres en plein air, ses improvisateurs, ses cafés

---

(1) Procureur du roi à Saint-Mihiel, puis conseiller à la Cour de Nancy.

ouverts nuit et jour, ce peuple si gracieux et si affable, ces gondoliers si discrets et si fidèles, et les palais de marbre, et les galeries de tableaux, et ses églises et ses clochers, je vais quitter tout cela, mais j'emporterai de mon séjour ici un long et ineffaçable souvenir. »

Il écrit de Rome le 16 octobre :

« De quelle Rome voulez-vous que je vous parle, mes chers parents ? Il y en a trois ou quatre couvertes l'une par l'autre, et c'est à dix pieds au-dessous de son sol actuel que l'on trouve le rez-de-chaussée des édifices élevés au temps de Trajan. Jugez ce qu'il faut déblayer pour arriver aux monuments de la République et des rois. Il y a donc ici la Rome des rois, celle de la République, celle des empereurs et celle des papes. Depuis dix jours je vais de l'une à l'autre, et je partirai d'ici avec le regret de ne pas avoir tout vu. Mais M. Horace Vernet (1) me disait l'autre soir : « Il faut passer ici dix jours ou six mois. » Or, vous pensez bien que je n'ai pas le temps, moins encore le désir de rester six mois à Rome, encore que ce soit Rome.

« Il reste des souvenirs de la Rome royale. La fontaine de la nymphe Egérie, dans un charmant et silencieux vallon, tranquille et calme à côté d'une ville agitée, rafraîchi par les eaux de la fontaine au milieu d'une campagne poudreuse, et délicieusement ombragé au sein d'une plaine aride et nue. Si Numa venait y méditer, il ne pouvait choisir une retraite plus favorable. Les prisons d'Ancus Martius existent encore dans les souterrains de Saint-Pierre *in carcere* ; on le dit du moins, et ici il y a beaucoup de choses qu'il faut voir avec les yeux de la foi. Rome avait d'immenses égouts rafraîchis

---

(1) Célèbre peintre de batailles, né au Louvre en 1789, mort en 1863.

et balayés par des eaux limpides. Tarquin est le premier auteur de la *cloaca maxima*, qu'on pouvait parcourir en bateau. J'y suis descendu à pied par les ouvertures que le temps a faites, et j'ai vu couler des eaux claires là où je pensais ne trouver que des immondices. Je ne fais pas fi de la *roche Tarpéienne* comme beaucoup de voyageurs : du sommet on découvre bien le *Janicule*, l'*Aventin* dont le pied est baigné par le Tibre, et le *Mont Palatin*, que couvrent les immenses ruines des palais des Césars.

« C'est de la roche Tarpéienne que l'on comprend bien l'attaque des Étrusques par le *pont Sublicius*, où Horatius Coclès arrêta leurs efforts. Ce pont n'existe plus ; on en voit seulement les restes à fleur d'eau. En entrant par ce pont dans Rome, une armée se glissait entre l'Aventin et le *Capitole* et se trouvait au cœur de la ville sur le *Forum* même. Ce *Forum*, où se discutaient les affaires de la cité, n'est plus aujourd'hui que le *Campo Vaccino* (champ ou marché aux vaches), et sous les allées d'arbres, il y a des cordiers tranquillement installés comme à notre pâquis. De la *Tribune aux harangues*, de la colonne rostrale de *Duillius*, plus de traces. Mais sont debout trois colonnes du *Græcostatis* où furent reçus les premiers ambassadeurs qui vinrent à Rome, trois autres colonnes magnifiques du temple de *Jupiter Stator*, et huit du temple de la *Fortune* suivant les uns, de la *Concorde* suivant les autres. Ce même étroit espace renferme les ruines du temple de la *Paix*, où l'on voit trois vastes voûtes bien conservées du temple dédié à Antonin et à Faustine, qui est aujourd'hui l'église *San Laurenzo* : celui de *Romulus et Rémus*, qui est tout proche, est devenu l'église des saints Côme et Damien. Enfin il y a, touchant au Forum, l'arc de triomphe de Septime-Sévère, très-bien conservé, sous lequel passait la *Voie sacrée* : le pavé en a été mis à nu par des fouilles assez récentes. Au jour de la prospérité de Rome, le monde ne pouvait offrir un plus admirable spectacle que ceux du Capitole, le Forum et l'arc-de-triomphe de Titus, le destructeur de Jérusalem.

« Il se retrouve de la République les grands et importants aqueducs qui amenaient l'eau à Rome : celui construit par Appius Claudius avait plus de trois de nos lieues de poste, et il en reste des lignes sinueuses qui, se croisant avec les lignes non moins longues des aqueducs de l'*Aqua martia* et de l'*Aqua felice*, impriment à la campagne de Rome un caractère particulier. Près de l'un de ces aqueducs est un temple de la *Fortune* marquant la place où Véturie arrêta Coriolan, et un second temple que les Romains dédièrent au *Dieu ridicule*, en souvenir de la retraite d'Annibal. La *Via Appia* conduit à Albano ; la *Via sacra* partait du Capitole ; la *Via latina* se retrouve intacte à Tusculum. Ces routes, jadis faites et pavées par les Romains, semblent indestructibles. Le tombeau des Scipions est une ruine au milieu d'une vigne ; l'Académie de France occupe les jardins de Lucullus, et la villa Borghèse ceux de Catulle.

« Mais c'est de la Rome impériale qu'il reste les plus grands souvenirs. Le Panthéon, resté ce qu'il était, est devenu une belle église ; l'admirable basilique de Sainte-Marie Majeure fut jadis un temple de Junon, et Sainte-Marie-des-Anges est construite dans la salle impériale des bains de Dioclétien : Michel-Ange y a même conservé, dans la place qu'elles occupaient primitivement, huit colonnes de granit qui étaient restées debout.

« Si l'on en juge par leurs ruines, les thermes étaient à Rome d'immenses établissements pouvant recevoir chaque jour des milliers de citoyens. On peut s'égarer aujourd'hui dans ce qui reste des thermes de Caracalla. Ceux de Titus ont été construits sur l'emplacement même du palais de Néron.

« La colonne élevée à la gloire d'Antonin orne la place Colonna et la statue en bronze de saint Paul la couronne ; saint Pierre, également en bronze, a remplacé Trajan au sommet de la *colonne Trajane*, sur le Forum assez bien conservé qui portait le nom de cet empereur. Le tombeau circulaire élevé par Crassus à Cecilia Metella n'est pas fort loin de la pyramide qui contient les cendres de Caïus Cestius (1). Enfin, au delà du Campo Vaccino et de l'arc de triomphe de Titus s'élève le Colysée, la plus vaste, la plus magnifique des ruines de Rome. C'est un théâtre où pouvaient prendre place cent mille spectateurs assis, à couvert de la pluie et du soleil. Au centre de ce cirque elliptique était une vaste arène où l'on donnait, tantôt des combats de gladiateurs ou de bêtes féroces, tantôt des simulacres de batailles navales, car on y introduisait l'eau à volonté. C'est là qu'au temps des persécutions des milliers de chrétiens ont péri sous la dent des bêtes féroces ou les tortures des bourreaux. Tout le cirque est conservé dans sa base entière et en certaines parties dans toute sa hauteur..... Et dans ce cirque sont des autels que la piété des papes a élevés aux martyrs de la foi chrétienne.

« Il y a ici trois cent cinquante églises et plus. Vous n'attendez pas de moi que je les aie toutes visitées. Mais que de fois ne suis-je pas allé à Saint Pierre : aux premiers rayons du matin, quand la lumière n'est pas complète encore : à midi, lorsque le soleil, pénétrant par les rares croisées, lance un long rayon dans la basilique ; le soir, quand les ombres s'abaissent et que commence l'imposant et religieux silence de la nuit. Il me faudra longtemps pour vous faire comprendre la majesté imposante de cet immense et solennel édifice : cette large nef qui n'est qu'une voûte d'or, ces hauts piliers de marbre couverts de monuments et de statues, cette

(1) La distance entre ces deux monuments est d'environ trois kilomètres.

vaste coupole qui n'est autre que le Panthéon d'Agrippa porté dans la nue par Michel-Ange. Tout ici est marbre, bronze et mosaïque. Il reste à savoir si Saint-Pierre, dans toute sa magnificence, vaut mieux, pour la gloire du christianisme, que ces catacombes, étroites et obscures, où nous sommes descendus à deux, munis de flambeaux et guidés par un moine franciscain.

« Je vois que mon papier s'épuise et il me reste tant à dire ! Je ne vous ai parlé ni de Tivoli, ni de ses cascades, ni des villas de Catulle, de Mécène et d'Horace ; ni de Frascati, où j'ai pris, sur un âne gros comme un mulet, une leçon d'équitation de trois heures et où j'ai vu la maison de Cicéron ; ni des mille fontaines qui versent sur toutes les places de Rome, dans toutes les maisons, presque à tous les étages, une eau pure et abondante ; ni des palais si différents de ceux de Venise ; ni des galeries, des musées où j'ai revu le Laocoon, l'Apollon du Belvédère, le Méléagre, l'Antinoüs, la Minerve *medica* ; ni des fresques de Michel-Ange et de Raphaël ; ni de ces chefs-d'œuvre de peinture que renferment le Vatican, les palais Borghèse, Sciarra, Corsini, Barbarini, Doria..... »

M. F. Gillon visite Naples, le Vésuve, Herculanum, et envoie de tout une description rapide et fidèle. Ses lettres, avidement lues, transportent l'Italie sur les rives paisibles de l'Ornain. Son ami A. Thirion lui écrit le 27 septembre :

« Que nous aimons, en lisant tes lettres, à partager tes émotions et à nous peindre ton enthousiasme ! Il y a dans notre âme une espèce de virginité pour ces impressions du beau et du grand, qui en excite et en élève singulièrement le sentiment. Cette rose doit se faner, sans doute, comme toutes les illusions humaines, mais qu'avec elle il y a de plaisir et de bonheur à admirer et à aimer ! »

Revenu d'Italie avec une ample provision de souvenirs, Félix Gillon se remit à l'étude, lisant, prenant des notes, et traduisant volontiers, dans des boutades pleines d'humour, ses impressions du moment :

« On chantait aux festins des dieux, on chantait aux festins des rois, on chantait autrefois à table en France. Cela valait bien nos tables d'aujourd'hui qu'on peut appeler tables d'hôte, où l'on n'entend plus que la voix des valets : Champagne ! Bordeaux ! »

« Les demoiselles se plaignent de ce qu'on ne veut que de l'argent. C'est bien le moins, puisqu'avec elles on prend un maître. C'était différent quand on prenait une compagne ! »

Voici une de ces boutades, inspirée au Président, en l'absence de sa femme et de son fils, par un accès de mélancolie :

« *Beati qui non sunt.*

« Dans l'enfance on vit de la vie animale.

« Il en reste beaucoup dans la jeunesse. Il y a l'âme qui s'éveille : illusions de tendresse, d'ambitions de toute sorte.

« A quarante àns, la chair n'a plus de plaisirs et l'esprit plus d'illusions.

« Il y a encore des vies heureuses et tranquilles, qui se reposent doucement dans l'aisance acquise, qu'aucune idée n'agite, ne préoccupe, ne tourmente.

« Il y en a à qui l'activité des affaires, l'amour du gain, l'ambition, tiennent lieu de ce calme bonheur et qui sont encore heureux.

« Pour moi je n'ai rien de tout cela.

« La fortune ne me charmerait pas ; un peu plus ou un peu moins d'argent ne me touche pas ; et mon inventaire augmenté d'un ou deux mille francs par an ne sont rien pour moi.

« Je ne veux être ni député, ni avocat général, ni quoi que ce soit. Ni le tribunal, ni aucune étude ne m'absorbent assez pour donner de l'intérêt à mes journées, et le monde n'est pas pour moi une distraction.

« Qu'ai-je devant moi dans l'avenir d'ailleurs ?

« Pour moi je vieillis ; avec l'âge, les infirmités, les idées chagrines, les idées tristes m'obsèdent.

« Ma femme, mon fils, ma mère sont malades aussi. Quelles inquiétudes !

« Un enfant à élever, que de contrariétés ; enfant doux, sensible, et que je ne sais rendre ni honnête ni obéissant.

« N'ai-je pas raison de dire : *Beati qui non sunt ?.....* »

Déjà préoccupé de l'éducation de son fils, le Président se remet en 1840 à l'étude du grec, refait tout Homère avec M. Deblaive, professeur au Lycée de Bar, et jette les bases d'un dictionnaire abrégé de cette langue. Il écrit, sur l'*Art de lire à haute voix*, une savante dissertation qui exigea de lui beaucoup de recherches pour trouver les morceaux à lire et les graduer suivant la difficulté. Ce travail très consciencieux mériterait d'être publié.

C'est aussi vers cette époque, pensons-nous, que M. Gillon s'éprit plus qu'il n'eût fallu des écrits du grand Arnauld, de Nicole, de la mère Angélique (1) et

(1) Arnauld (Antoine), second du nom, dit le grand, et Nicole (Pierre), illustres écrivains jansénistes. — Arnauld (Marie-Angélique), sa sœur, abbesse de Port-Royal, où elle rétablit dans toute sa rigueur, en 1608, la règle de Saint-Benoît.

des erreurs jansénistes de Port-Royal (1), qui le tinrent si longtemps éloigné de la vraie doctrine catholique. Peut être songea-t-il à une histoire de la trop célèbre abbaye, qui jeta un si vif éclat sur l'hérésie de l'évêque d'Ypres (2). Il correspondit longtemps sur ce sujet avec Sainte-Beuve, dont la mort impie laissa dans son esprit une très fâcheuse impression. Il lui fit même quelques petits cadeaux, comme on le voit par cette lettre de l'illustre critique du 12 septembre 1855 :

« Mais y pensez-vous bien, Monsieur ? Des confitures, d'excellentes confitures à propos de Port Royal ? Mais cela sent la dévotion aisée et le molinisme tout pur. Je ne vois à Port-Royal que Madame de Sablé à qui l'on eût osé faire un tel présent, et parmi les religieuses, que la mère Agnès qui eût été d'humeur assez indulgente pour le lui passer. Il est vrai que vous avez pour vous l'exemple de Monsieur d'Andilly (3), ce patriarche *du dehors* ; mais il n'envoyait que des fruits au naturel, et il n'aurait trouvé personne autour de lui pour prendre ces soins de bonne et fine confection dont j'ai, dès hier, apprécié le résultat. J'ai, en effet, dès leur arrivée, au moment du déjeuner, goûté des confitures de Bar, et je

(1) L'abbaye de Port-Royal, fondée en 1204 par Odon de Sully, évêque de Paris, près de Chevreuse (Seine-et-Oise), pour des religieuses bénédictines. S'y trouvant trop à l'étroit, la communauté vint s'établir à Paris en 1625. De savants solitaires prirent alors possession du monastère abandonné qui, pour le distinguer de nouveau, fut nommé Port-Royal-des-Champs.

(2) Jansénius (Cornélius), 1585-1638, qui, dans un livre intitulé *Augustinus*, émit une doctrine peu favorable à la liberté de l'homme et à la bonté de Dieu. Cette doctrine fut plusieurs fois condamnée. Ses partisans, appelés *Jansénistes*, eurent pour adversaires les *Molinistes*, disciples du jésuite Molina.

(3) Arnauld d'Andilly, frère du grand Arnauld et de la mère Angélique.

vous remercie doublement de l'attention et de la chose même. Veuillez offrir à Madame Gillon mes remercîments tout particuliers avec mes respectueux hommages.

« Vous êtes heureux, Monsieur, de trouver, au milieu de vos grandes occupations, des loisirs si bien remplis par l'étude, par cette lecture désintéressée et goûtée pour elle-même, qui font un des charmes de la vie, — et par les joies intérieures de la famille. J'ai l'inconvénient de la vie littéraire où l'on n'étudie guère que pour écrire, pour se produire, et cette inquiétude gâte beaucoup de choses dont il vaudrait mieux savourer en paix le miel caché. »

Toujours dominé par l'idée qu'il exagéra peut-être, d'imprimer à l'esprit de son fils une direction en rapport avec ses propres goûts, le Président, comme s'adressant à lui même, écrivait ce qui suit le 19 mars 1844 :

« Pourquoi quitte-t-on les grands maîtres pour les écrivains de second ordre ? Pourquoi des hommes blasés, qui préfèrent le nouveau au beau connu et le bizarre au naturel, vont ils sérieusement nous parler de tous ces talents secondaires, et ne disent rien des maîtres ? Lisez les programmes du Collège de France et de la Sorbonne : qui songe au XVIIe siècle ? Personne. Mais le XIIIe, le XIVe, le XVe et un peu le XVIIIe font tous les frais de l'enseignement. M. Patin ne s'occupe ni de Virgile ni d'Horace, mais il recherche les origines de la satire ou de la comédie. Et là-dessus, citations d'œuvres perdues, fragments souvent incompréhensibles, textes incomplets. On dirait vraiment que nous sommes un peuple d'érudits, connaissant à fond tous les chefs-d'œuvre, et forcés, pour employer notre temps et échapper à l'ennui, de lire les œuvres d'écrivains inconnus.

« Et pourtant ces chefs-d'œuvre qu'il faudrait lire et relire, personne ne les a lus en entier. On les cite, on a sur chacun des opinions toutes faites, empruntées à Laharpe, Le Batteux, Marmontel. Qui a lu Bossuet, Bourdaloue, Massillon tout entiers ? Où sont, à plus forte raison, ceux à qui Virgile, Horace, Térence, César, Salluste, Cicéron, Tacite, sont familiers ? Je n'ai point rencontré d'hommes qui aient lu Homère, Sophocle, Euripide, Thucydide, Xénophon. J'en ai entendu parler d'Anacréon, mais pas un qui ait lu les vingt lignes qui en restent. Vingt lignes de ceux là valent un volume de ceux qui les ont suivis, imités, qui se sont formés sur leurs modèles. Les grands esprits vous éclairent, vous illuminent, et vous ouvrent des perspectives infinies : vous voyez le ciel. Les esprits médiocres plaisent, amusent, instruisent même, mais cela sent toujours la terre.

« Ce que les hommes font pour eux, ils le mettent en pratique dans l'éducation de l'enfance. Les professeurs vont préférer Lucain à Virgile, Juvénal à Horace. Cela sera beau. Allez donc, par la raison et le bon sens, chercher la suite des idées de Juvénal ! Épuisez donc un jeune esprit à deviner ses allusions ! Mettez lui, au contraire, Virgile ou Tite-Live en main, Xénophon ou Homère. Où la grammaire lui fait défaut, la raison, le bon sens, la suite naturelle des idées, leur déduction logique lui viennent en aide. il croit n'apprendre que la syntaxe : il se forme le raisonnement, il rectifie son esprit, sa raison s'épure. Là, l'éducation et l'instruction se tiennent. C'est comme une conversation soutenue dont le bon et le beau font les frais, conversation qui se grave par la peine qu'on prend à la méditer, à la bien comprendre. Ce sont donc ceux là qu'il ne faut pas quitter.

« Je voudrais, donc, pour Henri (son fils), Cornélius, César, Cicéron, Tite Live, Tacite, Virgile, Horace, Térence, Xénophon, Plutarque, Thucydide, Homère, Sophocle, Euripide, et notre XVIIe siècle, sans exclure tout à fait le XVIIe. Et quand il aurait vingt ans, s'il en voulait d'autres encore, je les permettrais, mais je reviendrais toujours à ceux là. »

Obsédé de la même idée, — son fils avait cinq ans à peine, — il dut consulter Sainte Beuve, qui lui répondit le 6 octobre 1855, à propos des lectures :

« Monsieur, je ne puis qu'être infiniment touché et honoré de la confiance que vous voulez bien me témoigner. Je serais heureux d'y répondre, mais la classification que vous désireriez n'est pas chose aussi simple qu'il paraît au premier abord. Comme les choses pratiques, elle est surtout relative à la personne même dont il s'agit dans tel et tel cas : ainsi on ne recommandera pas la même lecture à une femme ou à un homme, à un ouvrier ou à un esprit déjà cultivé. En ce qui est de nos classiques, la détermination est assez facile, si l'on ne veut pas sortir de ce cercle.

« Pour Corneille, par exemple, que vous citez, il faudrait d'abord s'en tenir à ce qui est réputé chef d'œuvre : le *Cid*, les *Horaces*, *Polyeucte* et *Cinna*.

« Pour Voltaire, de même en ce qui est du théâtre : *Mérope*, *Alzire*, *Zaïre*, etc. Pour Racine, au contraire, tout lire à partir d'*Andromaque*. Il y a longtemps que Delille a fait ce vers heureux :

« On relit tout Racine, on choisit dans Voltaire. »

« Mais si l'on en vient à des auteurs qui ont beaucoup écrit en prose, comme Bossuet, Fénelon et ce même Voltaire, où s'arrêter ? par où commencer ? Sur ce terrain, et en présence de l'individu qu'on connaît, ce serait assez simple ; à un jeune écolier par exemple, qui désire se former au goût et au style, on commence par les *Oraisons funèbres* de Bossuet, par la lettre de Fénelon sur l'Éloquence ; mais s'il s'agit d'une personne qui cherche surtout dans ses lectures une consolation spirituelle, il faudra indiquer plutôt d'autres écrits des mêmes auteurs.

« Il me semble que pour toute personne qui désirerait lire quelque ouvrage d'un auteur, le mieux serait de la faire commencer par une notice sur cet auteur, telle qu'elle se trouve d'ordinaire en tête de ses œuvres, ou même par celle qui se trouve dans les diverses *Biographies*. Ces notices sur chaque auteur, même lorsqu'elles ne sont pas très bien faites, contiennent le résumé des jugements sur l'ensemble des œuvres ; les meilleurs écrits, les plus célèbres y sont indiqués, et l'on peut se régler là dessus pour entamer la lecture de l'auteur. En prenant, par exemple, l'article GRESSET dans la Biographie universelle, on y verrait que le *Méchant* est son principal ouvrage, et *Vert-Vert* son plus agréable....

« Quant aux personnes qui désirent étudier et lire au point de vue littéraire et pour se former le goût, il serait bon de commencer par quelque *Cours de littérature*, celui de Laharpe par exemple ; je conseillerais aussi le livre de Monsieur Nisard sur l'*Histoire de la littérature française*. On s'y accoutumerait à choisir soi même les objets de ses lectures, à se rendre compte des jugements les plus généralement adoptés. Je sais un ouvrage qu'on trouve à quelques égards excellent, et qui remplit jusqu'à un certain point, Monsieur, l'objet qui vous préoccupe : il est intitulé : *Chrestomatie française*, par Monsieur Vitet. On trouve dans l'un des volumes (il y en a trois) un *précis complet* de la littérature francaise ; outre des jugements fort bons, un tel ouvrage, qui contient de plus des choix de divers auteurs, avec de petites notices en tête sur chacun, serait d'un usage fort utile dans une bibliothèque.

« Veuillez me pardonner, Monsieur, l'incomplet de cette réponse, et croire en même temps à la reconnaissance que m'inspire une confiance aussi flatteuse que celle dont vous daignez m'honorer. »

M. F. Gillon aimait les poètes et se délectait dans leurs œuvres ; mais dominé par cette idée que la poésie, « ce langage des dieux, » ne souffre pas de médiocrité, il oublia son petit triomphe du lycée de Metz et commit rarement des vers. Cependant ces couplets, qui lui furent imposés par l'amitié à propos d'un mariage (1), semblent prouver qu'il eût pu réussir dans ce genre d'écrire :

L'Amour et l'Hymen, mon amie,
Ces deux dieux si longtemps rivaux,
Ont de la chaine qui te lie
Ensemble forgé les anneaux.
Ton bonheur sera leur ouvrage :
Près de toi, fixés à jamais,
De ton contrat de mariage
Ils ont fait leur traité de paix.

Ces dieux entre eux, ô mon amie,
Partageront ton avenir :
Jalouse d'embellir ta vie,
L'Amitié veut intervenir.
Ils la repoussent du partage
Où tu lui donneras accès,
Et ton contrat de mariage
Deviendra leur traité de paix.

Nous sera-t-il permis d'y joindre ceux-ci, qu'il écrivit en 1827 pour une cérémonie analogue ?

Je suis garçon ; jadis plein d'un beau zèle,
J'ai fait serment de le rester toujours ;
Mais aujourd'hui mon courage chancèle :
Mes bons amis, venez à mon secours !
De ces époux cachez-moi la tendresse,
De leur amour le charme encourageant ;
Dérobez-moi leur mutuelle ivresse,
Ou je crains bien de trahir mon serment.

---

(1) Ces couplets devaient être dits par Mlle Champion, fille du savant docteur barisien, qui les avait demandés pour le mariage d'une de ses amies.

Dieu du bonheur, sous tes riants auspices,
Les nœuds d'hymen se serrent en ce jour ;
Depuis longtemps les bontés protectrices
Versent ici les dons de ton amour.
Mais de ce jour à deux cœurs tu partages
De tes bienfaits le trésor indulgent.
Mes bons amis, écartez ces images,
Ou je crains bien de trahir mon serment.

Heureux époux, vous n'êtes qu'à l'aurore
De ce bonheur que vous verrez grandir :
Il doit s'accroître et s'affermir encore
Près du berceau que promet l'avenir ;
Alors naîtra dans vos âmes charmées
D'un autre amour le doux enivrement ;
Mes bons amis, éloignez ces idées,
Ou je crains bien de trahir mon serment.

Hélas ! en vain votre amitié fidèle
Me cacherait ces tableaux séduisants ;
Leur souvenir, dans mon âme rebelle,
Y braverait vos conseils impuissants.
Sauvez moi donc d'une insigne faiblesse,
Et dans les flots du champagne écumant,
Noyez, amis, ma parjure tendresse,
Ou je crains bien de trahir mon serment.

Mais dois-je seul, victime débonnaire,
D'un vain serment respecter les rigueurs ?
Plus d'un guerrier sous une autre bannière
Du vieux drapeau renia les couleurs.
Plus d'un monarque abjura ses promesses ;
Nos députés narguent leurs commettants ;
Imitons les, imitons nos maîtresses :
Mes bons amis, trahissons nos serments !

N'y a-t il pas là, vraiment, quelque chose de Béranger ?

Jusqu'en 1857 le Président partagea son temps entre ses devoirs professionnels, l'étude et l'éducation de son fils. Pour rendre celle-ci plus complète, il sacrifie tout, son cher foyer de la rue des Tanneurs (1), ses amis, ses fonctions, et conduit ce fils à Paris, d'où en 1839, le cœur désormais brisé, il ramène à Bar cet enfant, son unique espoir, l'objet de sa sollicitude et de sa plus tendre affection, frappé à mort, peut être par un excès de travail !

Un instant courbé sous son immense douleur et répétant les paroles du saint homme Job, il revint bientôt à ses livres, qui feront désormais, près d'une épouse dévouée et chrétiennement résignée, la consolation de sa vieillesse et son délassement suprême.

Le 30 juillet 1861, il commença de traduire *History of Greece*, de l'anglais Grote, ouvrage où l'auteur passe en revue les institutions et les écoles philosophiques de la Grèce au siècle de Périclès. Il termina ce travail énorme, qui forme douze volumes comprenant 6876 pages in-4° manuscrites, le 20 septembre 1868. M. Gillon reprochait à Grote d'avoir passé trop légèrement sur l'histoire littéraire et sur celle des mœurs de la Grèce à cette époque.

Cette traduction, écrite en quelque sorte « avec du sang », est une œuvre véritable, que son heureux possesseur conserve pieusement comme une relique. D'après ses dispositions très louables, ce manuscrit sera déposé à la Bibliothèque nationale en cas d'extinction de sa postérité.

La traduction de Grote terminée, M. Gillon en entreprit une autre de l'anglais Charles Mérivale, le 29 octobre 1868, que la maladie interrompit le 2 mars 1869. Elle a pour titre : *Histoire des Romains sous l'Empire*.

(1) Aujourd'hui *rue Nève*.

Désirant faire goûter à ses compatriotes illettrés les beautés de notre littérature, il sollicita et obtint, en 1865, du maire de Bar et du Recteur de Nancy, l'autorisation d'ouvrir à cet effet un cours, chaque dimanche, de quatre à cinq heures du soir, aux hommes de vingt et un ans au moins, n'ayant fréquenté que l'école primaire. Il prépara et fit plusieurs conférences, mais nous ignorons ce que dura ce cours.

A part son *Étude sur le budget de la ville de Bar-le-Duc*, M. Gillon ne publia rien. Déférant au vœu suprême de son ami M. A. Thirion, il revit et fit imprimer, en 1866, un petit chef d'œuvre intitulé : *Instructions adressées aux Élèves-maitres de l'École normale de la Meuse*, legs moral de l'excellent Directeur à ses disciples bien-aimés.

A sa mort, le Président laissa une excellente bibliothèque, où dominaient les ouvrages littéraires. Elle comprenait 2471 volumes ainsi classés par formats et séries :

MATIÈRES	In-folio.	In-4°	In-8°	In-12°	Divers	Volumes
Langues étrangères. .	5	8	296	170	99	578
Théologie	»	57	58	179	37	331
Jurisprudence	15	75	231	37	16	374
Sciences moral. et polit.	1	6	50	10	36	103
— naturelles. . .	1	4	125	14	3	147
— mathématiq. .	»	»	10	3	1	14
Arts et Industries . . .	»	3	13	34	12	62
Belles-lettres françaises	2	48	300	114	30	494
Géographie, Voyages. .	»	1	3	11	1	16
Histoire	2	33	230	81	6	352
TOTAUX	26	235	1.316	653	241	2.471

A part ce que possède et conserve avec soin M. Charles Bazoche (1) et qu'il tient de sa mère, sœur de Mme Félix Gillon, cette bibliothèque, d'abord expurgée des nombreux ouvrages concernant Port-Royal, et diminuée peut-être par des dons faits à quelques amis du défunt, est aujourd'hui dispersée. A nos yeux c'est une véritable profanation, que rien n'a pu conjurer.

---

(1) Notaire honoraire à Commercy, ancien conseiller général, membre honoraire de la Société d'Agriculture de l'arrondissement de Commercy.

VIII

L'HOMME PRIVÉ

Aux qualités de l'esprit et du cœur M. Félix Gillon joignait une taille avantageuse, une voix forte sans rudesse et un abord sympathique, très propres à les faire valoir. Quoique doux, son regard était imposant; le front dégarni, la tête légèrement penchée en avant, dans l'attitude du penseur. Son portrait nous le montre déjà vieilli, courbé par l'âge et le chagrin. Un regard où se lisaient à la fois l'intelligence la plus vive et la bonté tempérait ce qu'il y avait d'austère dans sa physionomie, et son franc accueil mettait vite à l'aise les plus timides. Gai avec modération, bruyant même dans les épanchements de l'amitié, il s'abandonnait volontiers à la mélancolie lorsqu'il était livré à lui-même, et cherchait dans l'étude et la méditation un dérivatif à cette sorte de spleen dû sans doute à sa constitution maladive. S'il remplissait scrupuleusement les devoirs de haute convenance et de savoir-vivre dont nul ne saurait se dispenser; s'il fit même quelquefois, à la vie mondaine, un sacrifice qui lui parut indispensable, il aimait avant tout son intérieur paisible et déclinait volontiers les invitations. Nul, moins que lui, ne fut sensible aux délicatesses de la table et de la vie.

Il n'en fut pas moins ami dévoué, sûr et sincère, et sa porte fut toujours ouverte à celui qui, même inconnu, recherchait ses conseils, quelles que fussent ses opinions, dont il ne se préoccupait pas. « Il traitait et revêtait ses pensées comme sa personne : une élégante simplicité en faisait la dignité en même temps que la parure. » Il émaillait sa conversation de réminiscences classiques naturellement amenées, sans pédantisme, sans la moindre prétention, ce qui lui donnait un grand charme, et quelque spirituelle saillie, lancée à l'improviste, égayait ses auditeurs.

M. Félix Gillon s'occupait de jardinage ; les longues courses à pied ne lui déplaisaient pas, et, un livre à la main, il s'égarait volontiers à l'ombre des bois qui confinent à Bar-le-Duc. Il surveillait la culture et la récolte des vignes de son père, et se plaignait à sa femme qu'on ne lui apprît pas à faire le vin (1). Il possédait à Ménil-aux Bois (2), près de M. Bazoche (3), son beau-frère, une maison de campagne qui lui permettait, au temps des vacances, de se livrer à ses goûts cynégétiques. C'est de là qu'il écrivait à M. Millon :

« Hier, l'ouverture de la chasse a été bientôt gâtée par la pluie. J'ai tué un levraut devant *Met-à-Mort*, qui a besoin de se refaire *la main. L'inaction ne vaut rien aux hommes ni aux chiens* (16 septembre 1860).

---

(1) Lettre du 4 octobre 1839.

(2) Canton de Pierrefitte, arrondissement de Commercy (Meuse).

(3) Juge de paix à Commercy, président de la Société d'Agriculture de cette ville et du Conseil général de la Meuse, officier de la Légion d'honneur et d'Académie, fils et neveu des députés de la Meuse du même nom.

« Tu trouveras *Clairaude* maigrie. Cependant elle mange bien ; je ne lui épargne pas les os,

« Sans parler de mainte caresse (1). »

(9 novembre 1860.)

« J'ai été aussi maladroit que malheureux cette année. On l'a dit : *La Fortune est femelle et n'aime pas les vieillards.* (2) C'est elle qui me fait choisir de mauvais postes, ou qui m'en fait changer au moment où le lièvre arrive ; puis elle rit de ma déconvenue. » (6 décembre 1865.)

M. Félix Gillon fut toute sa vie méthodique et rangé en toutes choses ; il tenait cette précieuse qualité de ses parents. Nous avons eu sous les yeux un *memento* quotidien qui, commencé le 1er mars 1822, fut clos le 30 septembre 1869, peu de mois avant sa mort. Il y inscrit ses lectures, ses lettres envoyées et reçues, l'état de sa santé, ses promenades et ses récréations. Il y note avec soin ses remarques sur les produits agricoles, l'effet des engrais, le prix des denrées, les essais qu'il tente, etc.

Il exagéra sa méthode en prétendant l'appliquer aux moindres détails de sa vie. Cette idée excellente, mais à laquelle il dut renoncer, lui était venue à l'apparition d'un ouvrage intitulé *Biomètre* ou *Mémorial horaire*, formé de tableaux mensuels divisés en dix-huit colonnes, dans chacune desquelles on devait inscrire, en face de la date du mois et sur une ligne horizontale, ce qu'on faisait à chaque heure du jour. Cette méthode rigoureuse était trop assujettissante pour être vraiment

---

(1) Gresset, *Vert-Vert.*

(2) Paroles attribués à Charles-Quint, aigri par les revers.

pratique; Félix Gillon en fit usage pendant quelques mois de 1824, et nous remarquons qu'en août il perdit 93 heures de *vie dissipée : théâtres, bals, fêtes et concerts.* Était ce donc vraiment du temps perdu ?

On a dit que le Président Gillon fut bon époux et bon père. Au risque d'entrer dans des détails qu'on pourra trouver indiscrets ou oiseux, nous prouverons, au moyen de sa correspondance intime, qu'il eut ces deux qualités à un degré éminent. Nous verrons le magistrat, le travailleur infatigable entourer de sa sollicitude les deux êtres qui lui sont plus chers que tout au monde.

Le 23 juillet 1838, il épousa Mlle Eugénie Dumont, de Commercy, nièce de sa belle-mère. Les deux époux frisaient la quarantaine. Cette union, projetée depuis vingt ans, avait sans cesse été ajournée. Le temps manquait toujours à M. Gillon pour cette grande affaire, dont la tendresse de ses vieux parents lui déguisait la nécessité. Si une passion juvénile ne présida point aux fiançailles, les deux époux ne s'en aimèrent pas moins ; élevée dans le travail, l'économie et la piété, Mlle Dumont déposa dans la corbeille, outre une belle dot qui ne gâte rien, une grâce, une douceur, une aménité parfaites, jointes à une fermeté de caractère très propre à soutenir et à fortifier son mari dans ses heures de souffrances et de découragement.

Voici la lettre par laquelle M. Gillon remercia sa fiancée d'avoir accueilli sa demande :

« Ma chère cousine,

« M. Bazoche vous dira avec quel profond sentiment de reconnaissance et d'affection j'ai reçu la réponse que vous avez bien voulu faire à la demande que je vous ai adressée par son intermédiaire. Merci mille fois, ma chère amie, de la détermination que vous avez prise et à laquelle je devrai mon bonheur à venir. Combien ai-je aussi de grâces à rendre à M. et à Mme Dumont ? Je sens tout ce qu'ils vont perdre, j'apprécie tout ce que je gagne, et ma gratitude pour eux n'en est que plus vive. Soyez assez bonne pour être près d'eux l'interprète de ces sentiments.

« Voilà donc un lien de plus qui se forme entre nos deux familles. J'ai été si favorisé par le premier que ce lien nouveau est pour moi du plus heureux augure. Les soins donnés à mon enfance, les sacrifices faits pour mon éducation, le peu que je sais, tout ce que je suis, ne le dois-je pas aux bontés réunies de mon père et de ma mère votre tante ? Et à vous, ma chère cousine, je devrai ce qui est non moins précieux, ce calme si doux de la vie intérieure et les pures jouissances qu'on goûte dans la paix et l'aimable accord de la famille. Peut être aussi, quoique arrivés à un âge plus sérieux, ne nous rappellerons-nous pas sans quelque charme nos plaisirs, nos jeux, et jusqu'à nos contrariétés d'autrefois.

« Mon père, ma mère, moi, nous nous efforcerons tous, ma chère cousine, de vous rappeler par notre tendresse celle dont vous êtes entourée. Mon père et ma mère seront les vôtres ; et je serai heureux, moi, si vous trouvez dans ma sincère et profonde affection une preuve que je sais apprécier et reconnaître cette affectueuse estime dont vous venez de me donner un si cher et si honorable témoignage.

« Adieu, ma chère cousine, permettez-moi de vous embrasser, etc.

« *Ligny, le 15 mai 1838.*

Ces promesses, il les tint généreusement.

Le 8 août 1839, M. Gillon eut un fils nommé *Henri.*

Ce fils, ardemment désiré, fut l'idole de son père, qui lui forma le cœur et l'esprit avec une sollicitude incomparable, peut-être même exagérée, tandis que sa mère, qui l'aimait non pas plus, mais mieux, lui inculqua de bonne heure les vérités religieuses, dont elle même était pénétrée. Au point de vue physique, l'enfant exigeait des soins assidus, et le père, qui le voulait vigoureux, fit tout pour atteindre ce résultat, fondant sur ce fils unique des espérances qui, hélas ! ne devaient pas se réaliser.

L'amour qu'ils ressentaient pour le jeune Henri ne les détourna jamais d'une bienfaisance discrète, mesurée, ingénieuse et délicate; ils consacraient, chaque année, au soulagement des pauvres, une somme dont nous devons taire l'importance, leur main gauche n'ayant jamais su ce que donna leur main droite. Ces deux âmes, différentes de croyances, s'unissaient dans une même pensée, se portaient mutuellement au bien par le conseil et par l'exemple ; et on peut le dire hardiment, nul plus qu'eux n'a mieux compris ni mieux rempli les devoirs de la véritable charité.

En 1844, le jeune Henri, turbulent et volontaire, fit une chute et se démit le bras. Cet accident, si simple en apparence, exigea l'intervention d'un orthopédiste, et Mme Gillon, sa mère, dut passer plusieurs mois avec lui à Chaillot, près de Paris, et le mettre entre les mains du docteur Bouvier. C'était en hiver ; un froid très vif ne permettait guère les voyages en diligence, et le père, inquiet, multipliait ses lettres et ses recommandations. Doit-on continuer le traitement ou le suspendre ? revenir à Bar ou rester à Chaillot ? prendre pension chez M. Bouvier ou ailleurs ? Sur ces divers points les avis diffèrent ; on hésite, on temporise. Sans se ressembler, toutes les lettres parties de Bar sont des redites dont l'auteur, plus alarmé qu'il ne convient, entasse conseils sur conseils. Enfin, malgré la Faculté, la guérison s'opère, les exilés rentrent à Bar, et ramènent au paisible foyer la quiétude momentanément troublée.

Vers cette époque M. Thirion, l'habile directeur de l'École normale de la Meuse, l'un des meilleurs amis du Président, créa l'école Rollin, pour initier les élèves-maîtres à la pratique de l'enseignement primaire, mais évidemment aussi pour suivre la première éducation de son fils Albert, du même âge à peu près que Henri Gillon. C'est dans ce nouvel établissement qu'Albert et Henri, qui ne devaient guère se survivre (1), se préparèrent à entrer au Lycée de Bar, pour y continuer leurs études. On a vu que, pour surveiller celles de son fils, M. Gillon donna sa démission de président, et quitta Bar pour l'accompagner à Paris. Mais à peine ce jeune homme, objet de ce double sacrifice, a-t-il obtenu, en août 1858, son diplôme de bachelier, que, déjà souffrant, il revient à Bar pour y mourir, le 10 novembre 1859, d'une fièvre ataxique due peut-être au surmenage intellectuel, laissant dans la consternation une famille qui l'adorait.

Cette perte irréparable causa une peine immense au malheureux père, qui se replongea dans l'étude pour faire diversion à son chagrin. La mère, les yeux fixés sur le crucifix, accepta cette rude épreuve avec plus de résignation : Henri, dont la mort l'avait édifiée, priait là-haut pour son mari, dont elle fut l'ange consolateur et l'amie plus dévouée encore que par le passé (2).

(1) Le premier est mort à Nice en 1858.

(2) Dès son arrivée à Paris, le jeune homme fit partie d'une

Sa bonté native, son désir d'obliger furent de puissants dérivatifs à la douleur du Président. « Il fut toujours l'avocat consultant et l'arbitre du pays. Il avait pris sur tous l'autorité de l'expérience et de l'âge. Son siège était partout, chez lui, au seuil de son jardin ou de sa maison ; il donnait ses conseils en se promenant ou jugeait les parties au coin de son feu. » « Maintes fois, nous dit un de ses anciens amis, j'ai assisté, autorisé par lui, dans son cabinet de travail, aux consultations qu'il donnait généreusement à ses amis, on pourrait même dire à tous ceux qui venaient lui soumettre un cas difficile, recourir à ses conseils dans les questions les plus délicates ou les plus embarrassées. Il excellait à y faire la lumière, à éliminer les détails inutiles pour élucider la question. Ses conclusions étaient nettes, précises, ne laissant aucun point douteux ou obscur ; elles ont évité bien des pertes, étouffé bien des procès : on ne se repentit jamais de les avoir acceptées avec déférence pour y régler sa conduite. » S'il se tint éloigné du Conseil général et du Conseil municipal, il n'en resta pas moins le conseiller écouté, et rien d'important ne se fit dans la ville de Bar sans qu'il eût été consulté d'abord.

« Le style c'est l'homme, » a dit Buffon. C'est donc dans sa volumineuse correspondance, dont nous allons donner des extraits, que l'âme de M. F. Gillon se reflètera tout entière. Nous regrettons d'être contraint de

---

conférence de Saint-Vincent-de-Paul, à laquelle, chaque année, sa mère envoya son offrande. Voir deux lettres de remerciments, dont l'une de M. Edmond Avenel, ancien magistrat, actuellement aumônier des Augustines de l'Hôtel-Dieu de Paris, datée du 12 août 1872 ; l'autre est du 20 janvier 1875.

nous borner, car chacune de ses lettres, écrites avec son cœur et sans prétention littéraire, contient un enseignement et peint l'homme beaucoup mieux que tout ce que l'on pourrait en dire.

13 Octobre 1838.

« Ma chère amie, j'arrive de la vigne avec la satisfaction d'avoir entièrement terminé la récolte du raisin.... Je ne suis point trop fatigué ; seulement lundi j'ai eu une nouvelle crise de ces horribles coliques, et force m'a été de laisser ma bande (de vendangeurs) à la vigne et de revenir au logis.... J'avais d'abord songé à ne pas te l'écrire, mais je t'en aurais parlé plus tard, et alors tu aurais pu trouver singulier que je ne te l'eusse pas dit d'abord. Et puis, je suis de ceux qui n'aiment pas les petits mystères qu'on leur fait dans la crainte de les inquiéter. Je crois que le meilleur moyen de bannir toute inquiétude et de donner aux autres une complète sécurité c'est d'être toujours et entièrement sincère... Ainsi les relations sont faciles et sûres et l'on n'est jamais poursuivi de craintes chimériques.

« ..... Tu sais combien souvent je t'ai répété que Mme Dumont, ta mère, se donne trop de mal..... Tu seras heureuse de la seconder, et d'ailleurs tu aimes ces occupations, beaucoup plus même que je ne voudrais.... J'estime les femmes plus qu'elles ne s'estiment généralement elles-mêmes. Je ne les mets pas, comme faisaient les anciens Germains, presque au rang des divinités, mais je crois que le christianisme, en les affranchissant de l'esclavage auquel les condamnaient les Romains et les Grecs, leur a ouvert une carrière plus large et meilleure que celles qu'elles se font. Je ne sais même si, pour les femmes d'une condition un peu aisée, ce n'est pas aller contre les vues de la Providence que de s'enfermer dans des rôles serviles et subalternes..... »

« Ne me trouves tu pas bien bavard ? Nos vendangeurs soupent et *tuent le chien* avec quelques bouteilles de bon vin vieux ; et moi pendant ce temps, seul en mon cabinet, j'écris à ma chère femme, causant avec elle comme je ferais si j'étais assez heureux pour la voir assise de l'autre côté de mon bureau, son aiguille à la main. Quand reviendra t elle ? Pas de sitôt encore ! Du moins, je pense qu'elle m'écrira jusqu'à ce que je puisse aller la rejoindre. »

A sa femme, à Buxières :

22 Octobre 1838.

« Je reçois à l'instant ta lettre du 19 qui m'apprend que tu es à Buxières (1) avec ton père pour y faire la vendange. Irai-je t'y rejoindre ? Mais de quelle utilité vous y serais-je, grâce aux cérémonies que l'on fait encore avec moi, et qui, j'espère, disparaîtront peu à peu. Bazoche, me dis tu, m'offre un lit dans son *hôtel*. Je suis bien reconnaissant de la politesse ; mais est ce que tu ne couches pas à Buxières, est ce que tu n'y as pas un lit, est-ce que ce lit n'est pas le mien ? Probablement tu crains que ce lit ne soit pas assez bon pour moi. Est-ce que je vaux mieux que toi ? Pourquoi ce qui te convient ne me conviendrait-il pas ?......

« Que maudites soient les vendanges si elles doivent chaque année nous séparer ainsi ! »

A sa femme, à Buxières :

25 Octobre 1838.

« M. Dumont (ton père) te dit qu'il désire garder Buxières ; il est parfaitement le maître, et ce n'est pas à nous qu'il convient de le diriger en pareil

---

(1) Canton de Vigneulles, arrondissement de Commercy (Meuse).

cas. Mais, au moins, fais-lui comprendre que c'est ta dernière vendange, et que tu n'es pas disposée à faire, au mince profit qu'on retire de quelques vignes, le sacrifice de cette vie commune qui fait mon bonheur, et qui, je l'espère, fera le tien.....

« Si je suis libre, je compte partir samedi, soit pour Commercy, soit pour Saint-Mihiel, suivant que je trouverai la voiture plus à mon point ; de là je gagnerai Buxières ; car, enfin, je veux te voir, et il n'y a ni boue ni ornières (1) qui m'empêcheront d'y aller, fussé-je en escarpins !

« ..... Je n'accepte pas l'offre de Bazoche ; là où tu es je resterai ; si tu es mal je serai mal ; et dussé je passer la nuit sur une chaise, je ne me séparerai pas de toi *pour qui je vais à Buxières !* »

A sa femme à Commercy, après la naissance de son fils :

30 Août 1839.

« Une bonne santé est la première partie du bonheur de l'homme. Vois cette malheureuse infirmité qui me poursuit, qui me force à renoncer à l'étude et au travail ! Eh bien ! cet immense malheur, je le dois aux conseils d'un médecin qui s'est cru plus savant que la nature. Que notre fils ait au moins ce bonheur d'un corps robuste ; et puis, que l'âme soit belle, l'âme plus que l'esprit, car j'estime et honore encore plus les vertus que les talents, à l'inverse du monde qui recherche plutôt ce qui brille, ce qui fait du bruit, et qui préfère les roses aux violettes ! »

A la même, à Commercy :

3 Septembre 1839.

« Malgré les conseils que je reçois, je renonce à peu près à mon voyage de Paris. Ce ne sont pas les médecins

(1) Et Dieu sait s'il en existait alors !

qui me guériront. La maladie est, je crois, sanguine et nerveuse. Tout ce qui porte le sang à la tête, les contrariétés qui agacent ou irritent les nerfs augmentent et perpétuent mon mal. Il me faudrait du repos, une parfaite tranquillité d'esprit, point d'étude ou d'ennui. Quel médecin au monde me donnera cela? Aucun, car c'est chose impossible. »

A la même, à Commercy :

4 Octobre 1839.

« On fait maintenant le vin. J'aurais voulu en diriger les travaux, au moins en partie, mais on ne m'en juge pas digne. Mon père a un vigneron qui jouit de toute sa confiance et l'on ne me laisse rien conduire. Comme je me plaignais ce matin qu'on ne me trouvât bon que pour les besognes extérieures qui demandent le moins d'intelligence, et qu'on m'éloignât du travail du vin que je voulais apprendre, il me fut sèchement répondu que je me plaignais toujours, et qu'une autre année on me ferait remplacer à la vigne. Je n'ai plus rien dit. »

A sa femme, à Commercy :

16 Octobre 1839.

« Je ne serais pas sincère, ma chère amie, si je ne confessais que j'ai trouvé un peu bien vifs les reproches que tu es venue m'adresser dans mon lit le matin même de mon départ.

« Avais-je, pour donner matière à tant de haine,
« Cassé quelque miroir ou quelque porcelaine ?
« Ou par hasard laissé, d'un esprit négligent,
« Dérober quelque aiguière ou quelque plat d'argent ? » (1)

« Non, tu l'emportais comme Philaminte des *Précieuses ridicules* (sic), et ma faute n'était guère plus grande que

(1) MOLIÈRE, *Les Femmes savantes*, acte II, sc. v.

celle de Martine. Car, après tout, si j'étais coupable, je ne l'étais que d'avoir placé dans le haut de l'armoire de la cuisine des pots de confitures que je ne croyais pouvoir mettre ailleurs. »

A la même, à Commercy :

10 Novembre 1839.

« Mes yeux, dont tu me demandes des nouvelles, ne vont guère mieux ni plus mal. Le feu leur est très contraire, et je me résigne à manger seul et sans feu. Quand commence la soirée, je me promène ; puis j'en passe une partie chez Millon, chez Maucourt (pharmacien), où l'élève me fait une lecture d'histoire naturelle, et le reste chez mon père ou dans mon cabinet, sans feu, en attendant le souper. La parole, la conversation, la discussion du palais me sont très funestes ; cela m'échauffe et me porte le sang aux yeux ; peut-être d'ici quinze jours me condamnerai-je à la solitude et au silence, ne parlant plus que pour mes jugements.

« Ta présence, ma chère amie, me serait bien douce et bien bonne ; mais, pour hâter ton retour, ne compromets pas la santé de Henri. J'aurai le courage de supporter, pour ce cher enfant, cette vie de résignation et de sacrifices qui est la gloire et le bonheur des parents. »

12 Novembre 1839.

Comment va notre cher enfant ? Il aura bientôt trois mois. Remercions la Providence de ce que ces trois mois, qu'on dit les plus difficiles de tous, se sont si bien passés. Grandit-il ? rit-il davantage ? jase-t-il plus ? souffre-t-il être un peu couché de jour et laisse-t-il ainsi un peu de repos à sa mère ? Et la mère, comment va-t-elle ? l'allaitement la fatigue-t-elle ? dort-elle bien ? va-t-elle se promener ? Parle, parle-moi longuement de tous deux. Au moins ces nouvelles seront une consolation dans ma solitude et me feront attendre avec plus de patience et de résignation le moment où nous serons réunis. »

9 Décembre 1839.

« Je ne sais pas souffrir dans ceux qui me sont chers.

« .... Ne me plains pas, ne t'occupe pas de moi ; prends toutes tes dispositions dans ton intérêt et dans celui de Henri. Ce double intérêt c'est le mien, c'est celui qui m'est le plus cher ; c'est là que repose mon bonheur pour la vie.

« .... Penses-tu qu'il vaut mieux que tu restes, que cela sera mieux pour la santé de Henri ? Si cela ne gêne pas là-bas, si cet enfant n'est pas trop fatigant, reste et ne t'inquiète pas de moi. Sans doute je voudrais vous voir tous deux, te revoir, t'embrasser, causer avec toi, mais cette satisfaction qui me serait si douce, crois-tu que je sois assez égoïste pour la mettre une seconde en balance avec vos chères santés ? Non, ma chère femme, n'aie pas de moi cette mauvaise opinion. Eh bien ! je passerai mon hiver seul s'il le faut ; j'aurai au moins l'espérance du printemps. Chaque jour me rapprochera de l'instant désiré ; et puis vous ne serez dans cette maison que quand le soleil et le jardin l'auront rendue agréable. D'ici là je ferai cent fois ce que je fais depuis que je suis ici : les pieds sur les chenets, je vous suppose présents, je cause avec vous, je serre la main absente, je bavarde sans fin avec Henri. Ne nous tourmentons donc pas, ma chère et bonne amie ; entendons-nous bien, aimons-nous bien, absents comme présents, et soyons sûrs que le bonheur et la santé de l'un de nous sont le bonheur et la santé de l'autre.

« J'ai reçu une lettre, non de Thirion (1), qui est tou-

(1) Ingénieur en chef des ponts et chaussées à Mézières, puis directeur du Grand-Central.

jours malade, mais de sa femme, qui me demande des nouvelles de Henri, et m'en donne de sa petite fille qui devient, dit-elle, gentille et jolie. Elle me recommande fort de ne point le dire à Henri de peur qu'il en devienne amoureux et n'en oublie sa bouillie. Ainsi, tiens cela pour toi, et prends garde que le petit bonhomme ne fouille dans tes poches et ne lise ma lettre. »

A Mme Gillon, de Metz où il est allé à propos d'une succession :

9 Juillet 1840.

« En quittant Bar, j'ai eu pour compagnon de route jusqu'à Saint-Mihiel un M. Verrin, de Vassy qui, ayant couché au Cygne et eu mal aux dents toute la nuit, a donné 1 fr. 50 à l'hôtelier Fatalot pour conserver son bonnet de coton. Ce bonnet de coton emporté de Bar était comme un augure, un pronostic d'ennui pour mon voyage, et son possesseur ne fit pas mentir le pronostic. Donc j'ai dormi une partie du chemin de Bar à Saint-Mihiel. Là, après avoir mangé en hâte quelques cerises, j'ai fait une courte visite à mon ami Moreau (juge au tribunal civil), que j'ai surpris prenant sa tasse de café dans son magnifique salon, en vue de son jardin et de ses pommiers qui ploient sous le poids des fruits.

« Nous avons laissé la voiture monter la côte, et coupant par un sentier de traverse, nous l'avons regagnée quand elle était en pleine route. Je comptais être seul dans le coupé, mais une dame de Saint-Mihiel, qui allait jusqu'à Beaumont (1), y avait pris place. Cette fois, le bonnet de coton avait menti. Ma compagne de voyage était spirituelle et gaie, et j'ai fait agréablement route avec elle. Il est vrai que nous avons un peu mal-

(1) Canton de Domèvre, arrondissement de Toul (Meurthe-et-Moselle).

traité le prochain, et Saint Mihiel et Bar ont reçu quelques coups de langue. Mais cette faute a son excuse :

« Que faire en diligence, à moins qu'on n'y médise ? » (1)

« ..... A Pont-à-Mousson, j'ai pris dans le coupé un israélite de Metz, un marchand de chevaux, familier comme un commis voyageur et ennuyeux comme une visite inopportune qui se prolonge. Il cachait le fouet du conducteur, voulait savoir si j'allais aux emplettes à Metz, et fumait pour comble d'agrément. Je lui fis si peu d'accueil que je l'ai réduit à se retirer et à ronfler dans son coin.

« Tu vois, ma chère amie, que j'ai eu un voyage assez ordinaire : un père de famille respectable et peu amusant, une femme aimable et un maquignon ennuyeux. C'est un peu comme dans la vie : du bon, du médiocre et du mauvais. »

De Metz, à la même :

13 Juillet 1840.

« Pourquoi donc, ma chère amie, ne m'as-tu pas écrit ? Crois-tu que je m'amuse trop ici, et as-tu la générosité de n'oser troubler mes plaisirs ?... Ne sois si fort en ceci la sœur de ton frère (2), et ne dis pas comme lui : « Je n'ai rien à dire. » Conte-moi en effet mille détails qui m'intéressent plus que les legs et les testaments.

« Mon père, qui m'écrit hier une lettre tant soit peu laconique, me dit : « Ta femme et Henri vont bien, tous deux t'embrassent. » Vraiment oui, voilà du beau ! Il

---

(1) « Car, que faire en un gîte à moins que l'on ne songe ? » La Fontaine : *Le Lièvre et les Grenouilles*, l. II, fable 14.

(2) Décédé notaire honoraire à Commercy.

n'y a pas d'indifférent à qui l'on n'en dise autant. Est-ce assez pour moi ? Non, mille fois non. Comment te portes tu ? Ton lait est-il passé ? En as tu souffert ? Prends tu quelques précautions ? Suis tu quelque régime ? Sommeil, appétit, santé, as-tu tout à souhait ? Et M. Henri, quel est-il ? Comment boit-il, dort-il, mange-t-il ? Se promène-t-il au jardin par les mauvais temps que nous avons ici ? Dort-il un peu le jour, ou faut-il toujours le tenir sur les bras avec des pommes vertes, des pierres, des boîtes qu'il jette à terre pour s'amuser ? Fait-il de bonnes et longues nuits ? Se tient-il longtemps éveillé ? Quand il boit, que boit-il ? Si je voulais laisser courir ma plume, les questions se presseraient par centaines, et tu as là matière à causer avec moi. Ne néglige donc pas de le faire, et songe que je n'aurai pas de plus grand plaisir que de recevoir une lettre de toi. Tu n'as pas besoin de me la faire tant désirer pour qu'elle me soit agréable. »

De Metz, à la même :

4 Août 1840.

« Me voilà encore ici pour longtemps. Ce temps pèse à mon impatience. J'habite un bon hôtel, où je suis déjà connu et où l'on a des attentions pour moi. J'ai une chambre tranquille, et l'on me sert des dîners de prince..... J'ai la promenade sur l'Esplanade, la musique des régiments qui vient le soir y donner des concerts. Eh bien ! je regrette ma balance (1), ma petite vilaine maison, le jardin, le bord de l'eau ; surtout et par-dessus tout je regrette les deux êtres qui animent cette habitation, ce que je ne sépare ni dans ma pensée ni dans mon cœur, que j'aime et que j'embrasse tendrement : Eugénie et Henri. »

---

(1) M. Gillon s'astreignait parfois à peser sa nourriture, à cause d'une maladie d'estomac dont il souffrait alors.

De Nancy, à la même :

14 Septembre 1840.

« Recommande toujours à Émélie (la bonne) qu'elle ne confie Henri à personne, et qu'on ne lui donne à manger que chez M. Dumont. Je n'aurais point de tranquillité si je savais qu'il en fût autrement. Henri est remuant et vif, et quelqu'un qui ne serait pas accoutumé à le tenir pourrait le laisser tomber. Émélie est au fait de ses habitudes et de ses manières, et la façon dont elle l'a tenu jusqu'ici m'a inspiré toute confiance. Quant à manger, si là où il va chacun lui donne un peu, ce peu de chacun, et qui ne semblera rien, finira par être beaucoup, et beaucoup amène un dérangement, peut être une indigestion, et de là aux convulsions il n'y a qu'un pas..... Prends bien garde que par des douceurs tout à fait hors de saison, gâteaux, tartes, madeleines, on ne lui affadisse pas l'estomac et on ne l'habitue à une nourriture sucrée qui lui ferait perdre le goût des choses simples et fortifiantes, et altérerait de bonne heure ses dents, ce bien si précieux. Autrefois il était aussi content de sa croûte de pain qu'il l'est à présent du meilleur gâteau. Surtout qu'on ne lui donne point de sucre.

« Je ne comprends pas que nous, qui nous disons raisonnables, exposions de gaîté de cœur un enfant à des maux à venir pour la simple satisfaction de le voir rire et battre des mains à l'aspect d'un gâteau. Je comprends moins encore que, considérant la gourmandise comme un vice honteux, nous fassions tout ce qu'il faut pour l'inculquer de bonne heure à ces petits êtres qui devraient, avec leur appétit, trouver égale toute nourriture.

« Adieu, ma chère amie. Si le papier ne me manquait pas, j'aurais moralisé longtemps encore, un peu pour toi, mais surtout pour ceux qui t'environnent. »

De Bar, à Mme Gillon qui est à Commercy :

13 Octobre 1840.

« Je compte que tu profites de ces derniers beaux soleils d'automne et que tu promènes Henri non sur les bras, ce qui fatigue beaucoup, mais dans sa voiture, où il se plaît bien. J'espère que ces temps beaux, secs, un peu froids, le fortifient, et que tu le prépares un peu à l'hiver en ne l'habillant pas tout d'abord trop chaudement. »

De Nancy, à la même :

22 Octobre 1840.

« Ce matin, Mme L... est venue chez moi avec une lettre de Thirion (de Mézières) ; il me dit qu'il viendra à Bar en novembre à la vérité, mais « que l'avenir ne nous appartient pas, que le présent seul est à nous ». Il m'engage, s'il fait beau, à aller le voir, mais s'il pleut, de ne pas m'embarquer dans ces infâmes diligences de Nancy à Sedan. Tu penses bien qu'une amitié qui s'effrayerait des inconvénients des diligences ne serait pas une amitié, et la mienne pour Thirion est, je l'espère, à l'abri d'incommodités bien autrement sérieuses et de plus importants sacrifices. Je suis donc décidé à partir, et je suspens ici ma lettre pour aller retenir une place.

« Demain, à neuf heures du matin, je quitterai Nancy, et ne serai à Mézières qu'après-demain dans la soirée. J'y resterai deux ou trois jours. »

De Mézières, à la même :

26 Octobre 1840.

« A Saint-Mihiel, je n'ai vu qu'un instant Moreau pendant mon dîner à l'hôtel. Après quoi, la voiture m'a emporté vers Verdun, en la compagnie d'une très silencieuse dame qui avait un nez d'une longueur démesurée.

On dit que c'est un signe de jugement ; j'aurais désiré qu'elle m'en donnât des preuves plus *plaisantes*, comme disaient nos vieux auteurs, mais elle garda un silence obstiné, ce qui me permit de dormir de Saint Mihiel à Verdun. »

De Mézières, à la même :

30 Septembre 1841.

« .... C'est demain que, quittant Mézières, nous partons pour descendre la Meuse et pousser jusqu'à Givet et Charlemont. J'ai déjà entrevu quelque coin de ces solitudes de la vallée de la Meuse, dont je me suis épris en les voyant. C'est la Meuse large et belle, au fond d'une vallée étroite, encaissée entre deux bandes de prés enfermées entre deux montagnes plantées de bois, semées de rochers et quelquefois aussi de pâturages. J'ai retrouvé là un peu de ce que j'ai vu en Ecosse sur les bords de la Clyde et de l'Esk, un peu de ce que j'ai vu dans les Alpes au point où la plaine cesse et où commence la montagne. Ce sont ces solitudes que j'aime, solitudes où il n'y a trace de l'homme ni de sa puissance, mais où la nature apparaît comme elle sortit des mains de Dieu. C'est en présence de ces grands spectacles que je voudrais avoir ma femme et mon fils : ma femme, pour admirer avec elle et nous faire part de nos impressions ; Henri, pour le voir se rouler sur le vert gazon que le soleil illumine, dont la fraicheur est relevée encore par le vert bleu des eaux et le vert sombre des forêts. »

De Metz, à la même :

6 Octobre 1841.

« .... Cette excursion, sans parler de la société du grand ami (l'ingénieur en chef Thirion), a eu pour moi toutes sortes d'attraits. Je te dirai, car aujourd'hui le temps me manque pour l'écrire, les beaux paysages, les belles et grandes solitudes que j'ai vues. Des gorges profondes, des rochers à pic semés de bois qui se reflètent dans les eaux de la Meuse. J'ai suivi le cours du fleuve appuyé contre le mât, j'ai pénétré dans les gorges, grimpé sur les rochers : j'ai retrouvé un peu, je te l'ai dit, des émotions et les beautés de mes précédents voyages aux Alpes et en Écosse.

A la même, à Chaillot :

28 Décembre 1844.

« Je me réjouis des progrès que fait Henri dans la lecture : dis-lui que la nouvelle de ces progrès m'a donné de la satisfaction. Il ne faut pas aller trop vite : *la répétition est l'âme de l'instruction.* Veille à ce qu'il prononce d'une manière claire, nette, correcte, d'un ton de voix ni trop haut ni trop bas ; ce sera autant de gagné quand il faudra lire à haute voix des morceaux d'un peu longue haleine.

« Je serais également heureux d'apprendre qu'il devient plus obéissant avec toi... »

A la même :

15 Décembre 1844.

« Ne néglige pas de mettre à profit pour le perfectionnement moral de Henri ton séjour à Chaillot. Là, rien ne te distrait ; point de soins de ménage ou de société ne viendront troubler ta vie. Habitue-le donc à l'ordre et à être à l'heure : c'est par là qu'on peut beaucoup sur lui, c'est par là peut-être que nous regagnerons l'obéissance que nous lui avons trop laissé perdre. Qu'à heure fixe Henri se lève, soit lavé, peigné, dise ses prières, déjeune, prenne sa leçon de lecture et ait ses heures de loisir. Si tu fais cela, il reviendra avec de bonnes habitudes d'ordre, de soumission et de travail. Tiens exactement ton journal sur son amélioration physique et morale, et mets-moi bien au courant dans tes lettres. »

A la même :

12 Janvier 1845.

« Tu fais une économie qui me blesse au cœur. Tu me voles une quatrième page de ta lettre pour épargner une enveloppe. Sois assez aimable pour acheter des enveloppes ; au moins j'aurai le plaisir de causer un peu plus longtemps avec toi. »

A la même :

27 Janvier 1845.

« J'avais écrit ce qui précède quand m'est arrivée hier soir la lettre où tu m'annonces une nouvelle et plus forte crise de Henri. Ma pauvre femme ! Je te plains et je t'admire. Au milieu de notre commun malheur, combien je suis heureux d'avoir une compagne telle que toi ! Comment Henri et moi pourrons-nous reconnaître ton courage et ton dévouement ? »

A la même :

30 Janvier 1845.

« Je te prie de me dire clairement, nettement, sans détour, si tu désires ma présence à Chaillot. Ta lettre me laisse dans l'incertitude. Je puis induire de certains passages que tu désires que j'aille vous voir ; d'autres passages il me semble résulter que si tu voudrais me voir, c'est seulement pour ma tranquillité. Il n'y a donc rien de clair et de net. Dans cette incertitude, craignant au surplus que tu ne pousses la réserve jusqu'à n'oser plus être franche et sincère avec moi, je me prépare à partir. »

De Paris, à M. Millon :

7 Août 1858.

« Henri est reçu (bachelier), et cependant je n'entends pas tonner le canon des Invalides. Je suppose que les canons sont tous à Cherbourg ; autrement je ne m'expliquerais pas ce silence. »

IX

LA CONVERSION — LA MORT

En décrétant la liberté politique, la Révolution prétendit affranchir du même coup la conscience des citoyens du joug de la *superstition*, comme on disait alors, abolit tous les cultes, ferma les temples et persécuta le clergé catholique. Voltaire fut dieu, Diderot son prophète, et l'enseignement officiel athée, bien qu'on eût décrété l'existence d'un *Être suprême* (1).

Félix Gillon subit, dans sa jeunesse, cette influence délétère. Jamais l'idée de Dieu n'apparaît dans ses lettres d'étudiant où il affecte tour à tour le stoïcisme et l'indifférence. « Élevé au milieu des orages qui agitèrent les trente premières années du XIXe siècle, il avait passé un peu par tous les égarements de la philosophie contemporaine, se contentant de vivre en honnête homme selon le monde, respectant la conviction des autres, mettant sa religion à faire du bien aux pauvres le plus discrètement possible. Admettant un certain nombre de vérités religieuses sans arriver à la pleine

(1) Decret du 8 floréal an II (7 mai 1794).

lumière de l'Évangile, il priait tous les jours, mais à sa manière ; il se soumettait à plusieurs des pratiques chrétiennes, entre autres à la pénitence quadragésimale qu'il accomplissait sans ménagements ; en un mot, il touchait aux frontières de la foi, mais n'entrait pas dans le vrai christianisme (1). » Guidé par la raison seule, il tâtonna longtemps, et comme un très grand nombre de ses contemporains, il ne dépassa guère la vague doctrine du déisme.

Les illuminations soudaines sont rares ; la foi se développe lentement dans l'âme docile : c'est d'abord une lueur, un demi jour ; puis la lumière, encore confuse, grandit peu à peu et enfin brille d'un divin éclat. Chez le Président, les voiles tombèrent à l'heure suprême, mais à temps pour notre exemple et la consolation des siens.

Son compatriote, son émule et son ami, M. Paulin Gillon, fut plus heureux. Élevé comme lui dans une demi-impiété, cet homme de bien « qui joignait à la droiture du caractère la générosité des sentiments, qui n'avait, pour bien faire et bien dire, qu'à obéir à un instinct et à suivre une inclination (2), » avait, avant lui, brûlé ce qu'il adorait pour adorer ce qu'il avait brûlé. Foulant aux pieds le respect humain, — cette lâcheté courante, — il mit ses actes d'accord avec sa foi, et grandit encore dans l'opinion par cet acte d'humilité virile.

« M. Félix Gillon, nous écrit M. Charaux, avait lié un commerce trop intime avec les grands ora-

---

(1) M. l'abbé Renard, aumônier des dames Dominicaines de Bar-le-Duc.

(2) Salmon : *Paulin Gillon*, Bar-le-Duc, 1882.

teurs chrétiens du XVIIe siècle, avec ses plus illustres défenseurs, pour partager contre le christianisme les préjugés du grand nombre de ses contemporains. Il n'avait d'ailleurs qu'à regarder autour de lui, tout près de lui, pour y trouver avec l'exemple des vertus chrétiennes les plus parfaites ce que j'appellerai la démonstration de la foi par ses résultats et par les faits (1). »

Il semblerait étrange, en effet, que le traducteur de E. Channing, le lecteur et l'annotateur des Livres saints et des apologistes, l'auteur et le professeur d'un cours d'histoire de l'Ancien et du Nouveau Testament, qui préparait même une *Histoire abrégée de l'Église* (2), l'homme humble et droit par excellence, fût aussi éloigné qu'on l'a dit des principes chrétiens. Il n'atteignait pas à la foi, c'est évident ; sinon, comme M. Paulin Gillon, il n'eût pas hésité à affronter quelques sourires bientôt réprimés, pour affirmer ses convictions par des actes extérieurs et publics.

Afin de préciser davantage et faire toucher du doigt le degré d'avancement auquel il était parvenu, avant l'heure bénie et cruelle à la fois de son avènement à la vraie lumière, nous le ferons parler lui même.

Nous avons dit précédemment que le Président résumait volontiers dans des notes brèves et pittoresques la substance de ses lectures ou de ses méditations. Citons-en deux seulement qui ont trait à notre sujet.

— « Qu'aurait fait dans le monde la mère Angélique ? (3) Une très brave et honnête mère de famille.

(1) Lettre du 22 juillet 1898.

(2) A sa femme, lettre du 25 décembre 1838.

(3) Voir page 111, note.

dont l'action eût été limitée à son ménage. Au lieu de cela, elle a éclairé et instruit le monde. »

— Les devoirs de la vie chrétienne sont donc possibles, puisque des âmes en embrassent avec amour les rigueurs et les perfections. Et si les prières des uns rachètent les fautes des autres, il faut bien que des religieux prient pendant que les autres jouent, dansent et blasphèment. »

Voici ce que le Président écrivait à sa femme, retenue avec son fils dans la maison Bouvier, à Chaillot, à propos du carême de 1845 :

« J'insiste et j'insiste énergiquement, ma chère amie, pour que ta conscience soit satisfaite et tranquille, si tu prends le parti de rester à Chaillot. Dis *absolument* et *résolument* que tu veux vivre dans ta chambre durant le carême, qu'autrement tu ne te sentirais pas libre. Tu es si sobre d'ailleurs !.....

« Tu craindrais peut être de passer pour exigeante et ridicule; mais c'est ta foi, ta croyance; il s'agit de ton salut éternel, et il faudrait être bien mal appris pour ne pas respecter de si honorables scrupules. Parle donc en femme décidée et qui sur ce point ne cédera pas. Ajoute tout de suite que tu es prête à supporter toutes les conséquences du régime à part auquel tu te soumettras, et à payer, s'il le faut, un excédent de pension. Je pense que Mme Bouvier le comprendra, ou cela m'étonnerait fort. Mais qu'elle comprenne ou non, fais exécuter ta volonté » (1).

Quel prêtre, quel prédicateur eût employé des termes plus énergiques ?

(1) Lettre du 25 janvier 1845.

Le 30 suivant, M. Gillon revient sur ce sujet :

« Je m'étonne bien, ma chère amie, que le carême soit plus sévère à Paris qu'à Bar; en es tu bien sûre ? Et si cela est, pourquoi t'y conformer rigoureusement ? Ne te rappelles tu plus la maladie de l'an dernier ? On peut, sans blesser sa conscience, obtenir, dans l'intérêt de la santé, des tempéraments à ces rigueurs. Est ce que ce n'est pas assez pour moi d'avoir Henri malade ? Et puis, est ce donc souper que de manger du pain et une pomme ? Achète au besoin du fromage, des pommes de terre que tu cuiras sous la cendre, puisque tu ne sais pas conquérir ton entière liberté. »

Terminons ces citations par l'extrait d'une lettre du 15 février 1845 :

« Il parait, ma bonne amie, que tu lis avec plaisir l'*Histoire des Trappistes*, mais ne te laisse pas aller à l'exagération quand tu admires les rigueurs et les sévérités de leur régime. Relis, je t'en prie, les dernières pages de Jacqueline Pascal : tu y trouveras ce me semble une appréciation plus juste de nos devoirs en ce monde. Nous n'y sommes placés, à moins d'une vocation héroïque, ni pour nous laisser aller aux emportements des plaisirs sensuels, ni pour céder aux tristesses d'un esprit chagrin ou timoré qui nous pousserait à des pénitences rigoureuses. C'est vrai, il faut mater la chair, imposer silence aux passions, dompter *ce corps de mort* dont saint Paul demandait à être délivré..... Mais il s'agit de ne rien outrer..... Je ne sais si c'est un effet de l'âge qui m'adoucit et me modère, mais aujourd'hui je prendrais volontiers pour devise :

« De rien avec excès, de tout avec mesure... »

Quoi donc retarda chez M. F. Gillon une conversion si désirée ? « L'obstacle principal, dit M. Charaux, c'était un certain esprit janséniste, entretenu chez lui par la lecture d'Arnauld, de Nicole (1), et surtout de la mère Angélique pour laquelle il était rempli d'admiration. Cet aspect du christianisme lui cachait l'autre, le vrai, le large, le divin ; et le Christ aux bras presque repliés sur sa poitrine lui voilait le Christ dont les bras s'ouvrent pour embrasser l'humanité tout entière. »

Ajoutons à cela ses études approfondies sur Port Royal et sa correspondance avec Sainte-Beuve sur le même sujet.

« Mais le Président s'instruisait un peu chaque jour avec une bonne foi parfaite, et à la fin de sa vie, après les réflexions les plus profondes, en pleine possession de ses facultés, dans le cours d'une douloureuse maladie supportée avec courage, il se réconcilia pleinement, pieusement, sans réserve, avec l'Église, donnant ainsi à ses amis, à ses concitoyens, un dernier et suprême exemple, celui d'une vie toute d'honneur et de vertu civique, couronnée par une mort édifiante et chrétienne (2). »

M. Charaux avait écrit en 1866, pour obtenir le diplôme de docteur ès-lettres, une thèse en français sous ce titre : *La méthode morale, ou de l'amour et de la vertu comme éléments nécessaires de toute philosophie*, qu'il se fit un devoir d'offrir et de présenter lui-même à M. Gillon, l'un des hommes les plus en vue et les plus estimés de Bar le Duc. De là naquirent entre deux esprits dignes de se comprendre des rapports qui de

---

(1) Voir page 111, note.
(2) M. Charaux, lettre citée.

jour en jour devinrent plus intimes. Le Président ramenait sans cesse l'entretien sur les choses religieuses dont il était de plus en plus préoccupé ; la discussion était animée quoique courtoise, et M. Charaux, homme d'une foi vive et éclairée, réussit à dissiper peu à peu les préjugés, les erreurs dont le jansénisme et la fausse philosophie étaient la source principale. *La Philosophie et le Concile*, dernier ouvrage de M. Charaux (1869), fut lu par le Président, et lui laissa l'impression que la philosophie et la religion, la raison et la foi sont bien plutôt des alliées naturelles que d'*irréconciliables adversaires*.

Au premier aspect, on pouvait espérer pour M. F. Gillon une longue et verte vieillesse ; il n'en fut rien cependant. Il portait en lui un germe de mort dont les effets se manifestèrent dès son enfance. A plusieurs reprises, nous l'avons dit, sa vue lui inspira de sérieuses inquiétudes ; des douleurs rhumatismales lui imposèrent souvent un repos forcé ; l'estomac lui-même était malade ; en un mot, il n'eut guère, comme il le dit quelque part, « que l'apparence de la santé » (1). Atteint à la vessie d'un cancer dont l'autopsie confirma l'existence et qui devait hâter sa fin, il souffrit longtemps, courageusement, soutenu et réconforté par sa dévouée compagne.

La maladie faisait des progrès alarmants. M. Gillon, qui se rendait parfaitement compte de son état, demanda de lui-même un prêtre qu'il ne désigna point, désirant seulement qu'il fût éclairé, d'une piété sincère, étranger à la politique, uniquement occupé de ses devoirs.

---

(1) Lettre à M. Millon, 7 juin 1869.

La première entrevue eut lieu le 17 février, en présence de l'ami dévoué : ainsi l'avait exigé le malade. Le prêtre désigné (1) fut introduit : il vit un beau vieillard dont le visage, ravagé par de longues souffrances, exprimait une émotion contenue ; il lui tendit la main, et après les compliments d'usage, voici en substance le dialogue qui s'engagea :

— « Je suis venu », dit le prêtre, « sur votre désir, vous apporter les secours de la religion. »

— « Merci, Monsieur, mais avant toute chose, je veux vous faire connaître où j'en suis, car je prétends ne rien faire contre mes convictions. »

Et se levant sur son séant avec la dignité d'un magistrat, le malade ajouta d'une voix ferme : « Depuis quelque temps, nous avons des conférences, M. Charaux et moi, et voici les points sur lesquels nous sommes tombés d'accord : « Je crois en Dieu, je crois à « l'immortalité de l'âme, je crois à la responsabilité des « œuvres, je crois aux peines et aux récompenses de « l'autre vie, je confesse que la religion chrétienne est « la plus parfaite des religions qui sont sur la terre, « *mais je ne crois pas en Jésus-Christ*. »

C'était la profession de foi d'un déiste.

— « Monsieur, » lui répondit le prêtre, « quand on m'a prié de venir à vous et que j'ai su votre charité pour les pauvres, j'ai eu confiance, car je me suis rappelé les promesses de Dieu à ceux qui font l'aumône (2). J'aime d'ailleurs votre sincérité et j'ai bon espoir. »

---

(1) M. l'abbé RENARD, à qui nous laissons le plus souvent la parole.

(2) Évangile selon saint Matthieu, xxv, 34 et suiv.

— « C'est bien, mais je ne ferai pas un acte de complaisance. »

M. Charaux, en parfait accord sur ce point de la sincérité absolue avec le Président, ne crut pas devoir revenir sur les preuves qu'il avait précédemment exposées : il se borna à montrer, en quelques mots rapides, à quel point l'Église, toujours vivante, toujours jeune, triomphe de nos jours, comme aux siècles passés, des obstacles qu'on accumule sur sa route, et comme elle est encore, dans les sociétés modernes, la meilleure sauvegarde des mœurs et de la liberté. N'est il pas souverainement raisonnable de juger l'arbre à ses fruits?

Il termina en faisant un appel à l'âme *naturellement chrétienne* (1) de son ami, et assurément déjà plus chrétienne qu'il ne le croit lui-même ; puis se tournant vers le prêtre : « M. Gillon, dit il, ne croit pas en la divinité de Jésus-Christ, mais il n'oserait affirmer non plus qu'il n'est pas Dieu : n'est-il pas assez près de l'Évangile pour qu'il puisse s'entendre avec vous? »

Le prêtre répondit que l'hésitation ne suffisait pas en cette matière ; qu'il fallait une foi explicite en Jésus-Christ et un symbole catholique tout entier ; ensuite il représenta au malade que l'état de doute ne pouvait satisfaire l'esprit, qu'il fallait arriver à la certitude et au bonheur de la foi.

— « La foi, » dit M. Gillon, « je voudrais bien l'avoir : je l'envie à ceux qui la possèdent. »

— « La foi, » répondit le prêtre, « est un don surnaturel qui s'obtient par la prière. »

— « Je prie tous les jours. »

---

(1) Expression de Tertulien.

— « Elle suppose aussi l'humilité, qui incline l'intelligence humaine devant l'autorité divine. Vous avez prié, mais vous n'avez pas voulu courber cette fière intelligence ; vous avez toujours voulu raisonner, vous faire des convictions religieuses avec votre seule raison et ne rien admettre que ce qu'elle vous apportait ; or, vous avez vu combien cette raison est bornée, insuffisante, pour la solution des grands problèmes qui se posent devant nous. Vous m'avez appelé, vous avez donc confiance en moi ? »

— « Oui, Monsieur. »

— « Eh bien ! si vous avez confiance en moi, laissez-vous conduire docilement selon que je vous le dirai, et dans une heure, je vous l'affirme, vous aurez le repos de la foi ; vous croirez avec la sérénité d'une âme chrétienne, ainsi qu'il est arrivé à tant d'autres convertis. »

— « Ce que vous me dites n'a pas d'autre garantie que votre parole, et comment voulez vous que je fasse en toute confiance ce que vous demanderez de moi ? Qui m'assure que vous êtes dans la vérité ? »

— « Je ne viens pas ici pour discuter, » reprit le prêtre, « l'heure n'est plus de faire des dialogues platoniques ; il faut conclure. Remettez-vous à moi de ce que je ferai, et bientôt vous bénirez Dieu. »

M. Charaux sortit alors et laissa le Président seul avec le prêtre, dont la ferme confiance en la miséricorde infinie de Dieu ne fut pas, malgré les difficultés de la situation, un seul instant ébranlée. Dans la pièce, à la place d'honneur, il vit un beau crucifix et une statue de la Vierge immaculée dressée sur un piédestal ; il se prosterna à ses pieds et pria Marie d'aider son ministère.

Puis s'approchant du malade il lui prit la main droite, cette main qui avait fait tant d'aumônes aux pauvres : « Ayez confiance, » lui dit il, « nous allons commencer par l'acte d'humilité qui vous conduira à la foi : la confession. »

Le malade ne fit aucune difficulté : il regardait la confession comme une institution éminemment expiatoire au simple point de vue philosophique (1), mais il en ignorait les effets quand la grâce du sacrement s'y ajoute.

Le prêtre se mit à genoux, oubliant que le confesseur doit siéger comme juge, et dans cette attitude, ému devant le pénitent attendri, il fit tout ce que requiert le saint ministère. Il avait à faire à une âme droite et sincère sur laquelle Dieu agissait visiblement, la foi entrait avec le repentir et l'aveu qui purifient. Quand il se releva, il reçut les premières effusions de la joie du pénitent, et lorsqu'il en eut pris congé, il trouva à la porte, l'attendant avec une sorte d'anxiété, sa pieuse épouse et l'ami qui avait tout préparé ; leurs yeux l'interrogèrent :

— « Madame, réjouissez-vous : votre piété est aujourd'hui récompensée ; tout est bien. M. Gillon vous dira le reste. »

Le soir, pour entrer pleinement dans la vie chrétienne, M. Gillon envoya acheter un catéchisme, afin de dire nos prières catholiques et de s'instruire de la doctrine.

Le lendemain le prêtre le revit, et après lui avoir

---

(1) Lire ce qu'a récemment écrit, au sujet de la confession, notre illustre poète François Coppée, dans la préface et dans plusieurs passages de son livre : *La bonne souffrance*, Lemerre, éditeur, Paris, 1898.

indiqué les moyens à prendre pour chasser les idées tracassières qui se présentaient sous forme de doutes, il voulut faire un pas de plus, et lui proposa de recevoir la sainte communion. Cette proposition l'effraya : il avait beaucoup étudié Port Royal et les principes jansénistes avaient déteint sur son âme ; il voulait, disait il, s'éprouver davantage..... sa foi était si hésitante !..... mieux valait attendre encore...

Le prêtre lui répondit que le délire pourrait survenir et l'empêcher de remplir ce devoir ; que le moyen de couper court à toutes les hésitations, c'était d'accomplir ce grand acte ; que d'ailleurs il prenait sur lui de le préparer.

Le malade était un vrai néophyte, mais docile et très instruit ; il ne fut pas difficile de lui exposer le dogme catholique de l'Eucharistie avec ses grandeurs et les dispositions requises pour la recevoir ; il adhéra, non sans un cri d'admiration : « Oh ! que l'Eucharistie est une belle chose ! » Un moment après, cependant, des doutes sur la présence réelle se présentèrent à son esprit et, avec sa franchise accoutumée, il ne put s'empêcher de le manifester hautement. Le prêtre le rappela à l'acte de foi pur et simple, en lui disant le mot de saint Remi à Clovis : « Courbe la tête, fier Sicambre ; adore ce que tu as brûlé et brûle ce que tu as adoré ! » Il lui récita les actes d'avant la communion tels qu'ils sont dans le catéchisme, en y mêlant les paroles que suggérait la circonstance ; elles firent impression sur le malade. Puis il se rendit à l'église chercher le saint Sacrement. A son retour, il trouva la pièce ornée ; quelques personnes, prévenues à temps, étaient à genoux et attendaient ; M. Gillon priait aussi. La cérémonie fut touchante dans sa simplicité. Le malade entendait bien la langue de l'Église et s'unissait aux paroles liturgiques. Au moment de la communion, il parut heureux. Mme Gillon l'aida pour les prières de l'action de grâces.

Le lendemain, l'heureux converti disait à M. Charaux ce qui s'était passé. « Mon confesseur a été vite », ajouta-t-il. « Après tout, il a bien fait. » Et il se mit à raconter un souvenir de Port-Royal, lorsque la mère Angélique, *la grande*, comme il l'appelait, pour mettre fin aux hésitations d'une dame du monde qui voulait et ne voulait pas de la vie religieuse, la fit entrer dans le cloître, et par ce coup d'autorité mit fin à son indécision.

A partir de ce jour, la foi de M. Gillon s'affermit et ses dispositions devinrent plus chrétiennes. Tous les jours il se faisait réciter les prières du matin et celles du soir ; il assistait en esprit au saint sacrifice ; il avait habituellement sur les lèvres quelques maximes de piété, qu'il redoublait lorsque ses douleurs devenaient plus vives ; et s'il se plaignait de ses souffrances, c'est parce qu'elles ne lui laissaient pas assez de liberté pour s'occuper des grandes pensées de la religion. Il arrivait ainsi par degrés à l'entière résignation, à l'esprit de prière, à l'expiation d'amour, à la parfaite conformité à la volonté divine, à l'offrande de ses peines pour l'Église alors en concile ; il goûtait les paroles de nos saints livres ; les plus simples allaient à son cœur ; les actes que l'on doit dire au dernier moment, tirés des opuscules de piété de Bossuet, firent impression sur lui, mais il aimait par-dessus tout saint Liguori, *Entretiens d'un mourant avec son crucifix*, les actes à faire à l'instant de la mort, etc. « Je n'ai rien à attendre de mon médecin, quelque habile et dévoué qu'il soit, » disait-il,

« mais j'attends tout de Dieu : *In te, Domine, speravi, non confundar in æternum !... Adveniat regnum tuum !* »

Huit jours après, son confesseur lui offrit de recevoir encore une fois la sainte communion, non plus pour accomplir un strict devoir, mais pour puiser la force que renferme le grand sacrement et gagner la grâce du jubilé accordé pour le concile, ajoutant que l'heure était aussi venue de lui administrer l'extrême onction, afin qu'il fût purifié, muni et sanctifié de toute manière. Le malade accueillit la proposition avec reconnaissance. Cette seconde communion fut encore plus édifiante que la première. Dans l'effusion de sa joie le malade récita le *Nunc dimittis* avec son confesseur, insistant sur ces mots : *Quia viderunt oculi mei salutare tuum* (1). « Après cela que désirer, » ajouta t il, « sinon aller à Dieu ? »

Le lendemain il disait : « J'espérais que ce serait cette nuit... et je suis encore au monde. Hier j'étais si bien préparé à mourir... ! *Non mea voluntas, sed tua fiat !* »

La maladie fit des progrès lents qui laissèrent encore quelque lueur d'espérance que de graves symptômes achevèrent bientôt de dissiper. Enfin l'instant de la dernière lutte approche, et comme il avait plusieurs fois témoigné le désir que le prêtre fût près de lui au moment suprême, celui ci fut averti par un ami de l'imminence du danger. C'était le dimanche 13 mars vers onze heures du matin. « Me voici, » lui dit le prêtre, en lui prenant la main ; « me reconnaissez vous ? » — « Oui, mon père. » — « Je viens vous assister ainsi que je vous l'ai promis. » — « Merci, » répondit-il

(1) « Puisque mes yeux ont vu le Sauveur que vous nous donnez. »

en lui serrant affectueusement la main. — « Courage et confiance ; l'heure de cueillir la palme est arrivée ; bientôt vous verrez ce que vous avez cru ; mais comme le moment est proche, je vais vous renouveler le sacrement qui purifie. »

Le prêtre l'aida à faire les derniers actes de foi, d'espérance, d'amour, de résignation, puis il commença les prières des agonisants. Là se trouvaient Mme Gillon, M. Bazoche, président du Conseil général, et Mme Bazoche (1) ; ils priaient et pleuraient. L'heure de la messe étant arrivée, le prêtre resta seul avec Mme Gillon. Alors commença une agonie cruelle, mêlée de délire et d'instants lucides durant lesquels la foi reprenait le dessus ; la dernière parole intelligible qui fut recueillie sur les lèvres du mourant fut : « Je crois, j'espère, j'aime ! » suivie de celle de Jésus expirant : « *In manus tuas, Domine, commendo spiritum meum.* » Son dernier signe fut de serrer la main au prêtre pour lui dire adieu.

M. et Mme Bazoche étaient de retour de la messe, et la vie quittait M. Gillon. Quand vinrent les derniers soupirs, au moment où le jugement allait être prononcé, tous tombèrent à genoux, priant Dieu d'être propice au cher défunt ; et lorsqu'il eut exhalé son dernier souffle, le prêtre acheva les paroles de la recommandation :

« Venez lui en aide, ô Saints de Dieu ; accourez, Anges du Seigneur, prenez son âme et présentez-la devant le Très-Haut. — Que le Seigneur Jésus daigne vous recevoir, lui qui vous a rappelé à lui, et que les Anges vous conduisent dans le sein d'Abraham. —

(1) Sœur de Mme Félix Gillon.

Seigneur, accordez lui le repos éternel, et que la lumière qui ne cesse point brille à ses yeux ! »

Nous avons dit quelle tendre affection le Président avait vouée à sa femme et à son fils. On peut, en lisant ce qui précède, être surpris qu'il n'eût pas prononcé leur nom sur le lit d'angoisse. C'est là une simple omission. Dans le cours de sa maladie, dans ses derniers moments surtout, il s'occupa de ces êtres si chers et la pensée consolante de retrouver son fils ne fut peut-être pas un des moindres motifs qui déterminèrent sa conversion.

Les funérailles du regretté Président eurent lieu à Bar-le-Duc, le 15 mars 1870, à l'église Saint-Antoine sa paroisse. Le Préfet, le Maire, le Conseil municipal au complet, la magistrature, le barreau, une délégation du Conseil général, de nombreux étrangers, les notabilités de la ville, une foule émue et recueillie firent cortège à la famille et aux restes vénérés du grand citoyen. « Quand un tel homme disparaît, on passe par-dessus le deuil de la famille pour s'associer au deuil de la cité ! Honneur à celle qui l'a vu naître ! Malheur à celle qui n'en ressentirait pas cruellement la perte ! »

Au cimetière, trois discours furent prononcés : par M. le baron de Benoist, au nom du Conseil général ; par M. Forjonnel, président du tribunal civil, au nom de la magistrature, et par M. Larzillière Beudant (1), au nom du barreau.

(1) Avoué, membre du Conseil général, maire de Saint-Mihiel, chevalier de la Légion d'honneur.

Les louanges posthumes et théâtrales nous touchent peu quand elles sont de simple convenance et que la voix publique ne les ratifie pas. Bien que de ce côté nous n'ayons rien à craindre, tant la mémoire de M. Félix Gillon est restée intacte, nous ne reproduirons, pour éviter des redites, que les passages les plus saillants de ces dicours.

« Je n'ai pas, dit M. de Benoist, à vous rappeler la vie de M. Gillon ; vous la connaissez mieux que moi. Deux mots vous la diront tout entière : il était avant tout l'homme du devoir et du droit, sévère pour lui même, indulgent pour autrui. Initié dès sa jeunesse à la science des jurisconsultes, guidé par les traditions austères de sa famille, par un cœur pur et une âme loyale, il prit pour règle de sa vie l'accomplissement du devoir envers lui-même et la défense de la justice au profit des autres.

« Dédaigneux d'une vaine popularité, il ralliait autour de lui, dans les jours de troubles, tous les gens de bien. Sa place était marquée dans nos grandes assemblées où il aurait brillé au premier rang ; tous le pressaient d'accepter leur libre mandat ; sa modestie, l'amour du foyer domestique et le culte de la loi le retinrent parmi nous, et personne n'eut le courage de blâmer sa résolution... »

« Vous vous rappelez, Messieurs, ajouta M. Forjonnel, avec quelle autorité ses décisions étaient motivées, avec quel respect elles étaient reçues et suivies, avec quelle bienveillance elles étaient rendues. Car je ne sais ce qu'on doit plus admirer chez M. le président Gillon, ou de sa haute raison, ou de son immense savoir, ou de son inaltérable bonté. Vous vous souvenez avec quelle ineffable cordialité il accueillait jusqu'aux plus humbles, se faisant petit pour se mettre à leur portée et les élever jusqu'à lui, de telle sorte qu'en le quittant, encore sous le charme de sa parole si colorée, si sympathique, si pleine de souvenirs, on se demandait parfois si l'on n'était pas en réalité parvenu à sa hauteur.

« Sa fin, Messieurs, fut comme sa vie, un grand enseignement. Après avoir, avec le calme du philosophe antique, supporté les étreintes d'une horrible et longue maladie, il mourut avec la foi et la résignation du chrétien... »

« Après avoir fait de fortes études, dit à son tour M. Larzillière, M. Félix Gillon embrassa la carrière du barreau. Ses débuts firent sensation. Le barreau de Bar possédait, quand il y prit place, des maîtres en fait d'éloquence; il devint bientôt leur émule et leur plus redoutable adversaire. A la Cour d'assises, dont ses goûts le tinrent presque toujours éloigné, il fit preuve d'un talent qui, comme partout où il fit entendre sa parole sonore et vibrante, excitait l'admiration.

« La population barisienne, fière de son compatriote, confiante dans ses lumières et sa haute sagesse, voulut l'appeler partout où il y avait des services à rendre; la place de conseiller général du canton de Bar étant devenue vacante, M. Félix Gillon, jeune encore, y fut porté sans qu'il eût sollicité les suffrages. Le Conseil général comptait alors dans son sein les hommes les plus éminents du pays; M. Félix Gillon s'y fit bientôt remarquer par son savoir, par son talent de parole, par son amour du travail, son esprit essentiellement pratique, et y acquit une légitime influence.

« Plusieurs fois il fut appelé à la présidence du Conseil général, soit par le suffrage de ses collègues, soit par la nomination directe du souverain ; toujours il s'y fit admirer par sa profonde connaissance des choses départementales, par la netteté de ses idées, la sage et habile direction qu'il imprimait aux débats, la lumière qu'il apportait dans les questions les plus délicates et les plus ardues ; aussi ses collègues ont vu sa retraite avec le plus profond regret... »

Nous déposons la plume.

Puissions-nous n'être pas resté trop au-dessous d'une tâche délicate acceptée avec une légitime hésitation, et avoir présenté sous son vrai jour l'homme de science et de bien dont la vie et la mort sont si dignes de servir d'exemple !

TROYON (Meuse), le 1er décembre 1898.

ERRATA

Page 18, note : Furent arrêtés, le 17 décembre 1793, avec M. Jacques Gillon, *Lanthonet*, receveur à Saint-Mihiel, son futur beau-père : *Devaux*, instituteur : *Henriot*, agent national ; *Gérard*, greffier, et *Henriot-Valleron*.

Page 56, ligne 14, lire *s'il ne s'inspirait*...

TABLE CHRONOLOGIQUE

Félix GILLON

Nancy. — Imp. A. Crépin Leblond, 21, rue Saint-Dizier (passage du Casino).

www.ingramcontent.com/pod-product-compliance
Lightning Source LLC
LaVergne TN
LVHW020019170826
845678LV00001B/44
* 9 7 8 2 3 2 9 7 9 6 3 6 9 *